Karl-Heinz Fleckenstein
Botschaft der Wüste

Für meine Enkelin Naomi Marie.
Dein Lächeln ist wie der Morgentau,
der die Wüste zum Blühen bringt.

Karl-Heinz Fleckenstein

Botschaft der Wüste

Tyrolia-Verlag · Innsbruck-Wien

Mitglied der Verlagsgruppe „engagement"

2016
© Verlagsanstalt Tyrolia, Innsbruck
Umschlaggestaltung, Layout und digitale Gestaltung: Tyrolia
Druck und Bindung: Theiss, St. Stefan
ISBN 978-3-7022-3556-7
E-Mail: buchverlag@tyrolia.at
Internet: www.tyrolia-verlag.at

INHALT

Prolog 7

I. GOTT BAUT EINE STRASSE IN DER WÜSTE
Abrahams Aufbruch in die Wüste 14
Ein Volk wird in der Wüste geboren 22
Die Schöpfung vollendet sich in der Wüste 36
Ein einsamer Rufer in der Wüste 43
Der Versucher in der Wüste 51

II. DIE SPIRITUALITÄT DER WÜSTE
Ein alternativer Lebensstil entwickelt sich 58
Eine Stadt entsteht 62
Die Bibel als Kompass 73
Offene Kampfansage 82

III. DIE HERAUSFORDERUNG DER GEOLOGISCHEN WÜSTE
Die Wüste – eine offene Front 86
Die Oase – Zeichen der Hoffnung 88
Begegnung mit den Wüstensöhnen 93
Die Wüste setzt neue Maßstäbe 95
Begegnung mit den Wüstenvätern heute 98

IV. DIE WÜSTE LIEGT IN DIR
Menschwerdung zwischen den Häusern einer Großstadt . . 110
Verschüttete Quellen brechen auf 117

Literaturverzeichnis 120
Fotonachweis 123

PROLOG

Der lebendige Hauch der Bibel hat die Wüste geheiligt als den Raum, in dem sich eine intime Zwiesprache zu Gott hin öffnet. Die Wüste wird trotz ihrer Härten und allem Unbill paradoxerweise mit einem Paradies verglichen, da in ihrem ewigen Schweigen die göttliche Nähe erfahrbar ist.

In der Wüste geschieht Aufbruch. Wie keine andere biblische Gestalt ist Abraham zum Symbol und Sinnbild dieses Aufbruchs geworden. Der göttliche Ruf an Abraham: „Zieh weg aus deinem Land, von deiner Verwandtschaft und aus deinem Vaterhaus in das Land, das ich dir zeigen werde" (Genesis 12,1), steht wie ein Vorzeichen vor der Geschichte Israels. Es geht um die Bereitschaft, Heimat und Geborgenheit zu verlassen und um einer verheißenen Zukunft willen den Fuß ins Unbekannte zu setzen. Für Abraham heißt das, Sicherheiten aufgeben, um total für die Pläne Gottes frei zu sein. Nach den Aussagen der Bibel war er bereits 75 Jahre alt, als er dem Ruf zum Aufbruch folgte. Diese Einladung, Neues zu wagen, gilt als Auftrag und Herausforderung für jedes Alter. Dabei kann das Unterwegssein zu einer Gotteserfahrung werden. Während das Buch Exodus vom Auszug der Israeliten aus der ägyptischen Gefangenschaft vor mehr als 3000 Jahren berichtet, wird ein Volk in der Wüste geboren. Trotz dem Manna, dem Geschenk des Himmels, werden sie dessen überdrüssig. Das Volk murrt gegen Mose, seinen Anführer. Es sehnt sich nach den Fleischtöpfen Ägyptens zurück. Mose will es allen recht machen. Dabei fühlt er sich überlastet. Er versinkt in tiefster Depression. Durch die ewige Nörgelei und Unzufriedenheit. Selten hört er ein Wort des Dankes. Klagend wendet er sich an Gott: „Warum habe ich nicht deine Gnade gefunden, dass du mir die Last mit diesem ganzen Volk auferlegst? Habe denn ich dieses ganze Volk in meinem Schoß getragen oder habe ich es geboren, dass du zu mir sagen kannst: Nimm es an deine Brust, wie der Wärter den Säugling, und trag es in das Land, das ich seinen Vätern mit einem Eid zugesichert habe?" (Numeri 11,11–12)

Tatsächlich geht Gott auf den Appell des Mose ein. Das Volk empfängt Wachtelfleisch zu essen. So viel, dass ihm davon schlecht wird.

Immer noch meint Mose, allein für sein Volk zuständig zu sein. Da erhält er von Gott eine klare Weisung: „Versammle siebzig Männer unter den Ältesten Israels vor mir, Männer, die du als Älteste des Volkes und Listenführer kennst: bring sie zum Offenbarungszelt! … Ich nehme etwas von dem Geist, der auf dir ruht, und lege ihn auf sie. So können sie mit dir zusammen an der Last des Volkes tragen …" (Numeri 11,16–17) Mose muss einsehen, dass er nicht unersetzlich ist. Alles geschieht durch Gottes Geist. Am Anfang der Mose-Geschichte steht die Klage aus der Überforderung. Am Ende erlebt er die Befreiung durch Gottes Geist.

Ein einsamer Rufer in der Wüste ist Johannes der Täufer. Er bereitet Jesus den Weg, indem er das Volk Israel aufruft, auf Gottes Wege zurückzukehren. Die Menschen strömen herbei. Sie alle wollen Johannes hören. Viele empfangen Vergebung durch die Bußtaufe. Doch Johannes ist nur der Vorläufer des Messias. Er erkennt seine Unwürdigkeit gegenüber Jesus. Deshalb weigert er sich zunächst, als dieser am Jordan ihn auffordert, von ihm getauft zu werden. Doch er gibt nach. Als Jesus aus dem Wasser steigt, sieht Johannes den Heiligen Geist wie eine Taube auf seinen Herrn herabkommen und hört Gottes Stimme: „Dies ist mein lieber Sohn, an dem ich Wohlgefallen habe."

Gottes Geist führt Jesus in die Wüste, um vom Teufel versucht zu werden. Warum eigentlich? Jesus kommt als der neue Adam in die Welt, um das Werk des ersten Adam ungeschehen zu machen. Deshalb muss er in der Wüste den Versuchungen Satans ausgesetzt werden. Er unterliegt nicht wie der erste Adam. Er gehorcht Gottes Wort und geht als Sieger aus dieser Konfrontation hervor.

Durch die Wüstenväter entsteht eine neue Spiritualität in der Einöde. Die ersten Mönche des Christentums führen in der byzantinischen Epoche vom vierten bis sechsten Jahrhundert ein asketisches und hartes Einsiedlerleben. Sie sind oft einfache Menschen, des Lesens und Schreibens nicht fähig. Kein Besitz, keine Gesellschaft, keine Abhängigkeit soll sie davon ablenken, auf das eigene Herz zu hören. Sie gelten als „Aussteiger" in einer Zeit, in der sich das Christentum zur Staatsreligion etabliert. Mit ihrer extremen Lebensentscheidung folgen sie dauerhaft und konsequent ihrem inneren Ruf nach Freiheit des Geistes. Ihr Aufbruch ist durch Mut und Klarheit des Verstandes bestimmt. In der Einsamkeit und Stille entwickeln sie durch Gebet und Handarbeit einen einfachen, aber hochkonzentrierten Lebensstil, der sich dem Mainstream der Masse widersetzt. Als lebendige Bausteine erneuern sie die alte Kirche. Ihre Weisheit und Einsichten können auch in der heutigen Zeit die Menschen zum Wesentlichen des Lebens hinführen.

Die geologische Wüste weist durch ihre Kargheit auf etwas Tieferes und Hintergründiges hin. Sie lädt den Menschen dazu ein, sich selbst in ihrem Licht neu zu verstehen und „seine Seele zu finden". Das kann auf vielerlei Weisen geschehen. Vor allem durch das Schweigen der Wüste. Verbunden mit der Erfahrung radikalen Ausgesetztseins in eine unendliche Einsamkeit und Weite. Konfrontiert mit einer Stille, die keine Ablenkung duldet. In der Wüste kann man vor sich selbst nicht davonlaufen. Während alles andere schweigt, stellt sich das Nachsinnen über das eigene Leben und die Welt mit Notwendigkeit ein. Wer bin ich? Wer muss ich sein? Die Wüste entblößt die eigene Nacktheit. Sie duldet keine Verschleierung und keine Lüge.

Die eigenen Wünsche und Bedürfnisse werden auf ein Minimum reduziert: Wasser, ein wenig feste Nahrung, eine Decke für die Nacht. Dieses Zurückfahren auf alle sonst gewohnten Ansprüche macht frei von der Diktatur eingeredeter Notwendigkeiten. So paradox es auch klingen mag: Die Wüste macht reich, indem sie das Armwerden provoziert. Von allem Überflüssigen befreit und auf elementare Lebensvollzüge verwiesen, fühlt man sich in der grenzenlosen Weite „daheim".

Wüstenerfahrungen sind nicht unbedingt abhängig vom Aufbruch in die geologische Wüste. Man kann sich Dimensionen der Wüste im eigenen Leben schaffen, indem man sich Räume für Stille und Besinnung „freikämpft". Dort fallen die Masken von Selbsttäuschung und Selbstbetrug, die der Mensch sich oft im lärmenden Betrieb des Alltagslebens zugelegt hat. Weg von den alten Geleisen. Weg von den Straßen des Trubels. Weg vom Lärm der vielen Stimmen. Weg von dem Zwang des Getriebenwerdens. Ein arabisches Sprichwort sagt: „Die Wüste ist der Garten Allahs, aus dem er alles Überflüssige entfernt hat." Wüste erfahren heißt, sich einen Raum der Ruhe und des Friedens zu reservieren. Im Schweigen erfährt der Mensch die verinnerlichte Wüste. Im schlichten Aushalten und Durchhalten von Durststrecken des gewöhnlichen Alltags. Wo aber der Mensch sich der eigenen Armut und Ohnmacht stellt, werden sogar Anfechtungen und Versuchungen zur Einladung, sich selbst aus der Hand zu geben und Gott in der Wüste des eigenen Lebens zu finden.

I. TEIL:
GOTT BAUT EINE STRASSE IN DER WÜSTE

ABRAHAMS AUFBRUCH IN DIE WÜSTE

In allen Kulturen der Geschichte haben sich Menschen zurückgezogen, um sich selbst zu finden, um in der Leere der Wüste einen neuen Lebensstart zu wagen. Die drei großen Weltreligionen – Judentum, Christentum und Islam – nehmen in der Wüste als Ort des Hinhörens, des Gebets und der Gottesbegegnung ihren Ausgangspunkt. Jedes Jahr, wenn der fromme Israelit beim Erntedankfest seine Erstlingsgabe vor den Altar niederlegte, sprach er die rituellen Worte: „Mein Vater war ein heimatloser Aramäer." (Deuteronomium 26,5) Damit wurden für ihn die fernen Zeiten zur Gegenwart, damals, als seine Vorfahren in der syrischen Wüste ihre Schaf- und Ziegenherden von einem Wasserplatz zum anderen trieben. Er nahm gleichsam selbst als Zeuge Anteil, wie der Allmächtige den Erzvater Abraham aufforderte, seine Heimat und seinen gewohnten Lebensrhythmus aufzugeben.

„Abenteuer pur, endlich geht's weiter!" Könnte Abraham, dessen Name „Vater der Menge" bedeutet, den er erst später von Gott bekam, und der vorher Abram gerufen wurde, so gedacht haben? „Endlich geht's weiter, nachdem meine Familie von Ur am Euphrat kommend in Haran versackt ist. Und ich bin der von Gott Auserwählte für diese Tour." Wir wissen nicht, was Abraham durch den Kopf ging. Die Worte der Bibel im Buch Genesis 12,1–4a klingen ganz lapidar: „Der Herr sprach zu Abram: Zieh weg aus deinem Land, von deiner Verwandtschaft und aus deinem Vaterhaus in das Land, das ich dir zeigen werde. Ich werde dich zu einem großen Volk machen, dich segnen und dir einen Namen groß machen. Ein Segen sollst du sein. Ich will segnen, die dich segnen; wer dich verwünscht, den will ich verfluchen.

Abraham zieht vom Zweistromland, heute Irak, in Richtung „fruchtbarer Halbmond" aus.

Durch dich sollen alle Geschlechter der Erde Segen erlangen. Da zog Abram weg, wie der Herr ihm gesagt hatte." Das klingt nach einer echten Berufung. Abraham wird zum Aushängeschild für Gott und sein Handeln. Natürlich beinhaltet dieser Aufbruch gleichzeitig ein großes Abenteuer. Als viehzüchtender Nomade war Abraham mit seiner Familie immer unterwegs. Von einer Wasserstelle zur anderen. Wo Gras wuchs für seine Schafe, Ziegen und Rinder. Jetzt verlangt Gott von ihm einen Schritt in die totale Unsicherheit. Da heißt es Abschied nehmen von dem, was ihm Sicherheit bot. Weg von der großen Verwandtschaftssippe, die ihn schützte bei Auseinandersetzungen mit feindlichen

Abraham ist viehzüchtender Nomade und mit seiner Familie von einer Wasserstelle zur anderen unterwegs.

Nomadenstämmen. Oder in Zeiten der Katastrophen und Dürre, wenn das Vieh wegstarb. Verwandtschaft konnte und durfte man auch um Hilfe bitten, wenn Krankheit und Tod zuschlugen. Dann hielt man zusammen. Gott reißt jetzt Abraham heraus aus der Verwurzelung in seiner Heimat. Weg von Freunden und der Familienzugehörigkeit. Ein wahnsinnig großer Verlust für ihn.

Für Abraham heute würde der Anruf Gottes vielleicht so lauten: „Geh aus deinem Beruf und Gelderwerb! Verzichte auf Sozialversicherung und polizeilichen Schutz! Lasse alles hinter dir, was du dir an Vermögen oder Haus erworben hast. Gehe in die Wüste!" So ein Anruf mag für manche junge Leute interessant sein, die ihren ganz eigenen Weg suchen und finden wollen. Und sei es in der Wüste. Jedoch für Ältere, die schon lange ihren Weg gefunden haben, so wie Abraham mit seinen 75 Jahren, sieht das ganz anders aus. Der ist schon gesetzt in seinem Leben. In so ei-

nem Alter zieht man nicht mehr groß um. Schon gar nicht nimmt man die gesamte Familie mit und streift monatelang durch die Landschaft, einem neuen Ziel entgegen. Was würde seine Frau Sara sagen, wenn er jetzt mit so einer Idee ankäme? Dazu noch mit dem sonderbaren Gedanken, Gott habe sich ihm im Traum offenbart und ihn aufgefordert, jetzt alles hinter sich zu lassen. Sie würde sicherlich erst einmal große Augen machen und sich fragen, ob er noch ganz klar bei Verstand sei. „Das klingt doch völlig inakzeptabel", würde sie wohl sagen. „Wir sollen uns von all dem lösen, was uns bisher Halt gegeben hat. Unser Heimatland, in dem wir uns wohl fühlen. Der Erdboden, der unsere Familie, unsere Kamele, Schaf- und Ziegenherden ernährt hat. All das sollen wir verlassen. Das bedeutet eine totale Trennung. Wir sollen uns auf etwas völlig Fremdes und Neues einlassen. Ohne konkret benanntes Ziel." Abraham könnte darauf geant-

wortet haben: „Ja, wir sollen aufbrechen in ein Land, das Gott uns zeigen will. Ich weiß nicht, wohin es geht. Ich weiß nur, dass Gott mit uns sein wird."

Vielleicht drängte sich Abraham gleichzeitig die Frage auf: „Wie gut kenne ich diesen Gott? Wie sehr kann ich ihm vertrauen? Was gibt mir Sicherheit?" Und doch hatte die Anrede Gottes ihn tief ins Herz getroffen. Sie hatte ihn in Bewegung versetzt. Der Auftrag war klar. Die Zukunft reines Versprechen.

Abraham hätte auch „Nein" sagen können. Aber er ist losgezogen. Wäre er nicht aufgebrochen, so hätte der Segen Gottes keinen menschlichen Träger bekommen. Gott verlangt von ihm ein unverschämtes, absolutes Vertrauen. Er würde zu einem großen Volk werden. Obwohl er bisher keine Nachkommen hat. Er soll einen großen Namen haben. Obwohl er doch in der Fremde ein

Abraham hat alles, was ihn mit seiner Vergangenheit verbunden hat, hinter sich gelassen, weil er Gott vertraut. Deshalb steht er unter seinem Segen und bekommt die Zusage: „Ich werde dich zu einem großen Volk machen."

Namenloser ist. Darüber hinaus verspricht ihm Gott: „Du sollst ein Segen sein." Indem er Gottes Ruf folgt und alles verlässt. Im Loslassen gibt Abraham Gott die Möglichkeit, ihn zu segnen. Gott macht ihn zu einem „Hotspot" des Segens, indem er ihn ins „göttliche Netz" einloggt. Über Abraham und seine Nachkommen sollen viele Menschen durch eine „Hotline" zu Gott gelangen.

Und dann ging es los. Abraham und die Seinen machten sich nach Nordwesten auf. Sie verließen Ur im Zweistromland, heute Irak, und zogen über den „fruchtbaren Halbmond". Dann folgten sie in dieser trockenen Landschaft den Flussläufen, wo es Nahrung und Wasser gab. Mehrere Monate werden sie gebraucht haben, bis sie im Land Kanaan angekommen sind. Mit seiner Frau Sara und seinem Neffen Lot. Außerdem hat er seine Mägde und Knechte mitsamt seinen Kamelen, Schaf- und Ziegenherden mitgenommen. Und doch ist der Aufbruch ein radikaler Bruch. Er zieht einer ungewissen Zukunft entgegen. Eine Reise in die Unsicherheit. Mit Risiko verbunden. Alles ist offen. Es können große Schwierigkeiten auftreten. Als Fremde in einem fernen Land. Werden sie Weidegrund für ihre Tiere finden? Die Sorge ist groß. Auch bezüglich ihrer Nachkommenschaft sieht die Zukunft düster aus. Sie sind kinderlos und schon viel zu alt. Die Linie der Familie wird aussterben, wenn nicht ein Wunder geschieht.

Glaube, der wächst, lässt voll Vertrauen und Hoffnung in die Zukunft blicken.

Trotz allem lässt sich Abraham auf dieses Lebenswagnis ein. Er hat alle Brücken hinter sich abgebrochen, die ihn mit seiner früheren Vergangenheit verbunden haben. Jene Augenblicke sind entscheidend geworden für die Geschicke der Menschheit. Da steht er nun, der Urvater aller. Entwurzelt. Vielen harten, menschlichen Prüfungen ausgesetzt. Bis an die letzten Grenzen seiner Widerstandskraft. Ob Gott nur ein grausames Spiel mit ihm treibt? Nein, unmöglich! Solche nagenden Zweifel dürfen ihn nicht erniedrigen! Sein im Wachsen begriffener Glaube wird

Abraham wird reichlich gesegnet. Seine Herden haben sich vermehrt, er ist zu Reichtum und Wohlstand gekommen.

allmählich identisch mit Vertrauen und mündet in die Hoffnung ein. Ein Blindflug des absoluten Gottvertrauens. Und tatsächlich, im Nachhinein stellt sich heraus, Abraham ist wirklich gesegnet. Sara hat in ihrem Alter einen Sohn geboren. Aus ihm geht ein großes Volk hervor. Sie haben Land gefunden. Dort haben sie sich niederlassen dürfen. Ihre Herden haben sich vermehrt. Sie sind zu Reichtum und Wohlstand gekommen. Ihr Aufbruch hat sich wahrhaftig als Segen herausgestellt. Diesen Segen, den er von Gott bekommen hat, soll er weitergeben. Auch andere sollen daran teilhaben. „In dir sollen gesegnet werden alle Geschlechter der Erde."

Weil Abraham durch alle Unsicherheiten hindurch als der geliebte Sohn seines Herrn an seiner Berufung festgehalten hat, gilt er für alle Zeiten als der Prototyp des glaubenden Menschen. Weil Abraham ein Mann war, der sich nicht von vertrauter Gewohnheit hat gefangen nehmen lassen. Sicher ist es kein Zufall, dass er für die Christen, für das Judentum und den Islam als abrahamitische Religionen das große Glaubensvorbild schlechthin darstellt. Was Abraham aufzubrechen ermöglichte, war sein Gottvertrauen. Mit Gott brach er auf, mit Gott war er unterwegs und mit Gott erreichte er sein Ziel.

EIN VOLK WIRD IN DER WÜSTE GEBOREN

Einst hatte der Hunger die Kinder Israel in das Land Ägypten gelockt. Weil es legendär reich und fruchtbar war. Alles gab es dort in Überfluss. Doch über die Jahre und Generationen hinweg wurden die Hebräer von den Pharaonen zu Sklaven gemacht. Eine lang andauernde Knechtschaft. Mehr und mehr nahm die Gewalt die Oberhand. Bis hin zum Kindermord der Israeliten. Doch ein kleiner Junge wird gerettet. In einem Schilfkörbchen hat ihn die hebräische Mutter in den Nil gelegt. Ausgerechnet die Tochter des Pharao, des mächtigsten Mannes von Ägypten, findet den Säugling und adoptiert ihn. So wächst der kleine Mose am Königshof auf. Wie toll muss er sich vorkommen, als er wie ein ägyptischer Prinz über die Baustellen seines Pflegevaters stolziert. Da sieht er, wie seine Landsleute unter der Knute des

Mose muss fliehen. Weit weg zwischen Steppe und Wüste wird er Hirte in der Einöde.

Pharao behandelt werden. Das kann er nicht länger mit anschauen. In seiner Wut erschlägt er einen der Aufseher. Der ägyptische Vorarbeiter liegt tot vor ihm auf dem Boden. In fliegender Hast wühlt Mose mit bloßen Händen die Erde auf. Er muss den Toten so schnell wie möglich verscharren. Und dann die überstürzte Flucht. Weit weg zwischen Steppe und Wüste. Dort wird er Hirte. Ein Mann in der Einöde. Immer auf der Suche nach Futter für die Tiere. Eigentlich ist es die Herde Jitros, seines Schwiegervaters. Aber er hängt an den Schafen. Als wären es seine eigenen. Nach der Flucht aus Ägypten hat er endlich ein neues Zuhause gefunden. Mit Zippora, seiner Frau. Er liebt sie. Sie haben einen gesunden Sohn, Gerschom! Dazu darf Mose noch in den Familienbetrieb mit einsteigen. Eine sichere Existenz.

Eines Tages sieht er eine seltsame Erscheinung. Was ist das? Feuer. Flammen. Ein gewaltiges Knistern. Ein Busch brennt. Die Flamme verzehrt zwar das Holz, aber nicht den Busch. Was für ein Widerspruch! Das muss sich Mose näher ansehen. Das Licht

Mose sieht eine außergewöhnliche Erscheinung: einen Dornbusch, der brennt – und doch nicht verbrennt.

blendet seine Augen. Eine Stimme ruft seinen Namen. Nimmt ihn gefangen. Lockend und schrecklich zugleich. Eine Ahnung erfasst ihn. Noch näher will er heran. Da wirft es ihn zurück! Eine alles überwältigende Kraft. Er zieht seine Schuhe aus. Da – wieder die Stimme. Wer spricht so, dass es ihm durch Mark und

Bein geht? „Komm nicht näher!" Eine ungeheure Distanz liegt darin. Obwohl doch alles so nahe scheint. „Komm nicht näher!" Mose überfällt Angst. Er verhüllt sein Angesicht. Barfuß steht er da. Zitternd. Den Schreck in allen Knochen. Wieder die Stimme: „Ich habe das Elend meines Volkes in Ägypten gesehen. … Ich bin herabgekommen, um sie der Hand der Ägypter zu entreißen und aus jenem Land hinaufzuführen in ein schönes, weites Land, in ein Land, in dem Milch und Honig fließen. … Ich sende dich zum Pharao. Führe mein Volk, die Israeliten, aus Ägypten heraus!" (Exodus 3,7.8.10)

Das klingt jetzt ganz anders als das „Halte Abstand! Komm nicht näher!" In diesen Worten liegt eine Weite und Größe. „Ich sehe euch an. Ich nehme euch wahr. Ich lasse euch nicht im Stich. Nun geh! Ich sende dich. Keine Sorge, ich werde mit dir sein."

Mose reagiert schockiert. „Ich soll das tun? Unmöglich! Ich, der Mörder des Ägypters? Der sich gerade eine neue Existenz aufbaut? Es war alles so gut. So ruhig. So einfach. Ich will das nicht. Ich kann das auch gar nicht. Ich doch nicht. Soll das ein anderer machen. Ich habe außerdem keine Zeit. Muss den Familienbetrieb führen. Muss bei meiner Familie sein. Das ist genug Verantwortung. Da muss es doch irgendeinen geben, der das viel besser kann." Wieder die Stimme. Unüberhörbar. Unbeirrt. So kraftvoll. So sicher. Stärker als all sein Sicherheitsdenken. Stärker sogar als seine Angst. Sie sagt einfach: „Ich will mit dir sein." Sonst nichts.

„Aber wie heißt du denn?", fragt Mose zitternd.

„Jahwe, ich bin, der ich bin", ist die lapidare Antwort.

„Kann unser Gott überhaupt einen Namen haben? Wieso braucht er einen Namen? Gibt es nicht nur einen Gott?"

„Wenn du mich anrufen willst, brauchst du meinen Namen. Um mit mir in einen persönlichen Kontakt zu treten. Keine allgemeine Gattungsbezeichnung, sondern etwas persönliches, das dir die berechtigte Hoffnung gibt, dass ich als der Angerufene auch antworte. Deshalb sage zu den Israeliten mit Vollmacht: ‚Jahwe, Ich bin für euch da', hat mich zu euch gesandt. Ich bin ein Gott, auf den ihr euch verlassen könnt. Ich werde euch beistehen in eurer Not. Ich werde da sein. Genau das steckt im innersten Wesen meines Namens. Ich bin da. Ja, so heiße ich. Mag es manchmal auch vorkommen, dass ihr fragt: Wo bleibt Gott in unseren Nöten und Ängsten? Hat er uns etwa verlassen? Schon mein Name verrät euch, dass dies meinem Wesen widerspricht. Ihr seht mich nicht. Doch ich weiche nicht von eurer Seite. Auch wenn ich mich nicht so einfach nach eurem Gusto herbeibeschwören lasse. Weil ich selbst die Form meiner Anwesenheit wähle. Vertraut darauf. Und du, Mose, wirst die Kraft finden, die Wege in meinem Licht zu gehen. Dieses Licht wird dich und deine Dunkelheit erleuchten. Deine Kraft wird in dem Maße wachsen, wie dieses Licht Gewalt über dich gewinnt. Es wird dir den Weg des Lebens finden lassen." (vgl. Exodus 3,10–15)

Mose muss mit Zippora über die Begegnung mit Jahwe sprechen. Auch mit seinem Schwiegervater. Sie haben viel geredet. Jitro hätte gern gewollt, dass er seine Herden weiter hütet. Auch Zippora will eigentlich nicht, dass er geht. Aber sie spürt, dass sein Auftrag wichtig ist. Sie gibt ihm die Freiheit, das zu tun, was er tun muss. Sie wollen zusammen gehen. Mit Gerschom, ihrem Sohn. Sie packen das Notwendige zusammen. Wasser und Proviant. Mose weiß nicht, was die Zukunft bringen wird. Aber eines weiß er. Dass er aufbrechen muss. Etwas Neues wartet auf ihn. Ein großes Vorhaben. Trotz aller Angst, die ihn beschleicht.

Und doch muss er zugeben, wenn er ehrlich mit sich selbst ist: Ich fühle mich auch stark. Ich fühle mich begleitet. Etwas Neues tritt in mein Leben. Eine Aufgabe, eine neue Lebensphase, Neuland. Das kann mich schon bange machen. Vielleicht wäre es leichter, mich zu drücken. Im Alten sitzen zu bleiben. Aber

Nach großem Ringen mit Gott und erfolglosen Verhandlungen mit dem Pharao führt Mose schließlich die Hebräer aus Ägypten.

das führt nicht weiter. Weiter führt nur der Aufbruch. Ich weiß: Ich bin nicht allein. Ich soll andere mitziehen. Auch sie sollen aufbrechen. Und meine Argumente? Gott hat nur einen einzigen Satz für mich. Für mich und für alle anderen. Einen einzigen Satz: „Ich bin für euch da." Das bedeutet für mich: „Binde die Leute nicht an dich. Erwecke nicht den Eindruck von Kräften oder Fähigkeiten, die du nicht hast. Verweise die Menschen auf den Gott Abrahams. Vertraue auf mich. Ich werde es gut machen. Ihr alle werdet es sehen. Mein Name ‚Ich-bin-da' ist euer Programm."

Mose verhandelt und kämpft mit dem Pharao. Dann führt er die Hebräer aus Ägypten. Diese Erlösung von den Fesseln des Sklavenhauses soll sich nach den Plänen Gottes wiederum in der Wüste ereignen. Dort muss das Volk seine ganze Existenz allein von seinem Schöpfer abhängig machen. Manchmal heult Mose verzweifelt stundenlang vor Gott. Er bettelt dabei in den höchsten Tönen für die Israeliten. Er redet mit Gott wie mit einem besten Freund. In der Einsamkeit und Verlassenheit des Ödlandes, weit von den verlockenden und gleichzeitig versklavenden Fleischtöpfen Ägyptens entfernt, werden die Hebräer als Volk im Todesraum der Wüste geboren. Gott selbst öffnet ihnen eine Straße in der Weite der Steppe. Es bleibt ihnen keine andere Hoffnung auf Rettung außerhalb der Wolke und der Feuersäule, in denen er sich verbirgt. (Exodus 13,21–22; 40,36–38) In der Wüste machen sie die innigste Erfahrung mit dem Allmächtigen.

Die „Fleischtöpfe Ägyptens" geben den Israeliten genug Nahrung. Und halten das Volk gleichzeitig in der Sklaverei.

Gott hilft auf der Wüstenwanderung durch unzählige Zeichen. Bei Wasserknappheit sprudelt das kostbare Nass aus dem Felsen.

Die Wüste findet ihr Ziel nicht in sich selbst. Sie dient dazu, in ihrer absoluten Einsamkeit den Glauben an den einen wahren Gott zu finden und zu bewahren. Dieser Glaube ist es auch, der den geschichtlichen Horizont der Israeliten erweitert. Trotz ihrer Untreue, ihrer Starrköpfigkeit und Herzenshärte.

Für 40 lange Jahre hat Gott die normalen Lebensgewohnheiten dieses Volkes aufgehoben. Er allein öffnet immer wieder durch unzählige Zeichen seine Hand: durch die Herabkunft des Manna (Exodus 16; Numeri 11), durch das lebendige Wasser aus dem Felsen (Exodus 17,1–7); Numeri 20,1–13), durch die eherne Schlange (Numeri 21,4–9). Gott hat die Israeliten durch die Wüste mit Sorge und Wärme begleitet. In einem ständigen

Immer wieder redet Mose mit Gott wie mit einem besten Freund in der Einsamkeit und Verlassenheit des Ödlandes.

Dialog der Zuneigung. Wie es kein Vater für seinen heiß geliebten Sohn tun kann. Jahwe und das Volk sind zu Verbündeten in einem gegenseitigen Dienst geworden. Auch wenn die Hebräer weit hinter dem Anspruch der Liebe Gottes zurückstehen. Zuweilen werden sie die Konsequenzen ihrer Lauheit zu spüren bekommen. Aber immer wieder zeigt ihnen der Herr, wie sehr er zu seiner Zusage steht, wie sehr er in diesem Pakt des Füreinanders immer als Erster die Initiative ergreift. So beinhaltet diese stets neue Erfahrung der Wüste für sie eine enorme Herausforderung zum Glauben, zum Gehorsam, zur Gegenliebe und zur inneren Bereitschaft, den langen, mühsamen Weg mitzugehen.

Wird das Volk diese Prüfung bestehen und sich von seinem Herrn erziehen und führen lassen? Wird es sich in der Wüstenerfahrung seines Lebens ganz und gar als von Gott abhängig wissen oder möchte es sein Schicksal doch letztlich selbst in die Hand nehmen und dabei auf seine eigene Kraft bauen? Stellt es sich der Begegnung mit dem lebendigen Gott? Für die Hebräer steht in der Erfahrung mit der Wüste tatsächlich alles auf dem Spiel. Dort müssen die letzten Entscheidungen fallen. Das Buch Deuteronomium spricht eine deutliche Warnung aus: „Du sollst an den ganzen Weg denken, den der Herr, dein Gott, dich während dieser vierzig Jahre in der Wüste geführt hat, um dich gefügig zu machen und dich zu prüfen. Er wollte erkennen, wie du dich entscheiden würdest: ob du auf seine Gebote achtest oder nicht. Durch Hunger hat er dich gefügig gemacht und hat dich dann mit dem Manna gespeist, das du nicht kanntest und das auch deine Väter nicht kannten. Er wollte dich erkennen lassen, dass der Mensch nicht vom Brot lebt, sondern dass der Mensch von allem lebt, was der Mund des Herrn verspricht. Deine Kleider sind dir nicht in Lumpen vom Leib gefallen und dein Fuß ist nicht geschwollen, diese vierzig Jahre lang. Daraus sollst du die Erkenntnis gewinnen, dass der Herr, dein Gott, dich erzieht, wie ein Vater seinen Sohn erzieht. ... Vergiss den Herrn, deinen Gott, nicht, ... der dich durch die große und Furcht erregende Wüste geführt hat, durch Feuernattern und Skorpione, durch ausgedörrtes Land, wo es kein Wasser gab; ... um dich gefügig zu machen, um dich zu prüfen und dir zuletzt Gutes zu tun. Dann nimm dich in Acht und denk nicht bei dir: Ich habe mir diesen Reichtum aus eigener Kraft und mit eigener Hand erworben. Denk vielmehr an den Herrn, deinen Gott: Er war es, der dir die Kraft gab." (Deuteronomium 8,2–6; 14–18)

Die Hebräer sollen den Glauben an den wahren Gott durch die kommenden Zeiten inmitten der umliegenden Stämme mit ihren Götzen und Götterbildern durchtragen und bewahren bis zum Kommen des Messias.

Doch Israel überhört viel zu oft diese eindringliche Mahnung. Das Volk buhlt mit fremden, nichtigen Göttern und vergisst darüber den wahren Lebensspender. Statt das Abenteuer der Freiheit mit seinem Herrn zu wagen, sehnt es sich zurück nach einem etablierten, leicht überschaubaren Lebensstil. Dieser Versuchung ist das Volk immer wieder ausgesetzt.

Am Sinai erfährt es ohne jegliche eigene Verdienste eine neue Existenz, geheiligt und herausgehoben in einer exklusiven Mission für die Völker dieser Erde: Du sollst den Glauben an den wahren Gott durch die kommenden Zeiten inmitten der umliegenden Stämme mit ihren Götzen und Götterbildern durchtragen und bewahren bis zum Kommen des Messias. Nach dem Buch

Auf dem Berg darf Mose Gott begegnen. Der Allerhöchste übergibt ihm die Urmatrize für die Gesetzgebung der meisten Nationen.

Exodus steigt Mose auf den Berg hinauf, um Gott zu begegnen. (Exodus 20,1–17) Von dieser Stunde an übergibt der Allerhöchste sein erhabenes Gesetz der Menschheit. Es ist die Urmatrize für die Gesetzgebung der meisten Nationen. Hier steht gleichsam die Abschussrampe für eine Zivilisation der Liebe in Ehrfurcht vor Gott und Achtung vor dem Menschen.

Für sein Volk ist Mose Anführer und Prophet geworden. Über 40 Jahre zieht er mit diesem Trupp befreiter Sklaven durch die Wüste, um endlich in das gelobte Land zu kommen. Und als die Wege zu lang zu werden drohen, wird er zum Mittler zwischen einem resignierten und murrenden Volk und dem Gott der Befreiung. In der Spannung zwischen den hohen Erwartungen des

Am Ende seiner Tage steigt Mose auf den Berg Nebo, der gegenüber Jericho liegt. Der Herr lässt ihn das ganze Land schauen. Und er spricht zu ihm: „Deinen Nachkommen will ich es verleihen. Hinüberziehen aber darfst du nicht!"

Aufbruchs und der Mühsal des harten Alltags. Von Mose müssen die Hebräer lernen, dass der Weg der Freiheit durch die Wüste führt. Und sie tun sich unheimlich schwer damit.

Dann die bewegende Geschichte am Ende seiner Tage. Sein Lebenswerk erscheint abgebrochen. Er kann zwar über die Grenze hinausschauen, aber er darf das andere Ufer nicht betreten. Warum kann er den Jordan nicht überschreiten? Warum wird ihm diese Grenze gesetzt? Warum bleibt sein Werk unvollendet? Liegt es daran, dass er in den langen Jahren der Wüstenwanderung nicht ohne Fehl und Tadel geblieben ist? Oder ist er am Ende eines so anstrengenden Lebens müde geworden? Will er nicht mehr weiterziehen? Weil er ein Leben lang im Mittelpunkt des

Geschehens gestanden ist? Zwischen den Parteien immer wieder zerrieben wurde? Und nun der Versuchung nachgibt, alles hinzuwerfen? Gerade dann, als das andere Ufer in Sichtweite ist? Oder hat er Angst vor den neuen Aufgaben, die mit dem Einzug ins verheißene Land verbunden sind?

Mit aller Deutlichkeit unterstreicht die Bibel, dass Mose bei seinem Tod mit 120 Jahren noch voll im Saft steht. Und er bleibt seinem Glauben treu, allen Wüstenerfahrungen zum Trotz. Er hat den langen Atem bewahrt, Umwege und Irrwege nicht gescheut und im Labyrinth des Lebens seine Vision nicht aufgegeben. Er akzeptiert seine Grenzen, ohne sich als gescheitert zu erfahren. Mose stirbt ungebrochen mit dem Blick auf das andere Ufer in den weiten Raum des gelobten Landes. Eine Gipfelerfahrung der Gnade. Auch wenn er dieses Land selbst nicht betreten wird. Auch wenn sein ganzes Leben danach ausgerichtet war. Dafür hatte er Entbehrungen und Prüfungen auf sich genommen. Seit die Liebe Gottes am Dornbusch in ihm brannte, war sein Herz unruhig auf dieses Ziel ausgerichtet. Auf dem Berg Nebo darf Mose endlich schauen, was er geglaubt hat.

DIE SCHÖPFUNG VOLLENDET SICH IN DER WÜSTE

Die Propheten sehen in ihrem Weitblick für die Erfüllung der Pläne Gottes im Wüstenaufenthalt eine permanente Geste des Allmächtigen, eine ganz bestimmte Gnadenzeit für eine erneuerte Zukunft. Die Nostalgie nach dem langen, reinigenden Marsch und der Gottesnähe in der Einöde ist wie die Sehnsucht nach einer ewig blühenden Jugend, verglichen mit der Reinkarnation der großen Ereignisse der Vergangenheit, mit der Erneuerung der unkündbaren Allianz, der Rückkehr zu einem stets neuen Rendezvous mit Jahwe. Trotz menschlichem Versagen und angedrohter Strafe bleibt die Wüste weiterhin Ort der Gegenwart Gottes. In seiner großen Barmherzigkeit lässt er sich immer wieder neu dort finden, wenn der Mensch bereit ist, von ganzem Herzen auf ihn zuzugehen. Bei den Propheten ist die fruchtbar gewordene Wüste auch das stets wiederkehrende Symbol für die Vollendung der Schöpfung. In der Einöde muss die Ankunft Gottes vorbereitet werden, da seine Herrlichkeit dort erscheinen und sich vollenden will: „In der Wüste brechen Quellen hervor und Bäche fließen in der Steppe. Der glühende Sand wird zum Teich und das durstige Land zu sprudelnden Quellen. An dem Ort, wo jetzt Schakale sich lagern, gibt es dann Gras, Schilfrohr und Binsen. Eine Straße wird es dort geben, man nennt sie den Heiligen Weg. Kein Unreiner darf sie betreten. Er gehört dem, der auf ihm geht. Unerfahrene gehen nicht mehr in die Irre. Es wird keinen Löwen dort geben, kein Raubtier betritt diesen Weg, keines von ihnen ist hier zu finden. Dort gehen nur die Erlösten." (Jesaja 35,6–9)

In der Einöde lässt sich Gott immer wieder neu finden.
Das gilt auch für die Propheten des Alten Testamentes.

Die Propheten des Alten Bundes ziehen sich selbst in die Wüste zurück, um durch Reinigung und Aszese ihrer Sendung gerecht zu werden. Als Seher und Führer für eine mystische Einheit mit dem Allherrscher. Einer von ihnen ist Elija. Er ist erschöpft und müde. Er kann nicht mehr. So viel ist in den letzten Tagen und Wochen passiert. Der heiße Disput mit König Ahab von Israel. Dieser hatte sich dem Wettergott Baal zugewandt und damit die Wege des Herrn verlassen.

Die Folge ist eine lange Dürrezeit. Der Allmächtige möchte damit den König zur Vernunft bringen. Doch umsonst. Elija muss sich am Bach Kerit verstecken. Dort wird er von Raben versorgt. König Ahab lässt überall nach dem Propheten suchen. Er will ihn umbringen lassen. Trotzdem zeigt sich ihm Elija. Beide geben sich gegenseitig die Schuld an der Trockenperiode: Sobald Ahab Elija sah, rief er aus: „Bist du es, Verderber Israels? Elija entgegnete: Nicht ich habe Israel ins Verderben gestürzt, sondern du und das Haus deines Vaters, weil ihr die Gebote des Herrn übertreten habt und den Baalen nachgelaufen seid." (1 Könige 18–17)

Elija muss sich vor König Ahab am Bach Kerit verstecken. Die Raben versorgen ihn mit Brot und Fleisch.

Es kommt zur Machtprobe auf dem Berg Karmel. Elija lässt die 450 Baalspropheten und die 400 falschen Propheten dort versammeln. Jeweils ein Stier soll von den Vertretern der verschiedenen Glaubensrichtungen „zerschnitten", auf Holz gelegt werden. Das Feuer wird der Gott des wahren Propheten entfachen. Das Volk ist damit einverstanden. Elija lässt den Propheten des Baal den Vorrang. Sie beten bis zum Mittag. Nichts passiert. In ihrer religiösen Raserei schneiden sie sich nach ihren Ritualen ins eigene Fleisch. Doch Elija hat nur Spott für sie übrig. Er füllt den selbstgezogenen Graben. Über den wiederaufgebauten Altar schüttet er zwölf Krüge Wasser. Elija betet einmal zu Jahwe.

Da stürzt ein Blitz vom Himmel und „verzehrt das Brandopfer und das Holz". Das Volk erkennt jetzt: Die Baalspropheten sind Scharlatane. Auf Anweisung von Elija werden alle 450 am Bach Kischon getötet. (vgl. 1 Könige 18,40) Daraufhin setzt der Regen wieder ein. Die Dürre ist beendet. Aber die Sache ist noch lange nicht ausgestanden. Königin Isebel, die Frau Ahabs, ist eine große Anhängerin des Baal. Sie möchte Elija hinrichten lassen. Er sucht Zuflucht in der Wildnis. Depressionen wollen ihn überfallen.

Gewiss, bisher war Gott die ganze Zeit über bei ihm. Er hat den Wettstreit mit den Baalspropheten gewonnen. Doch jetzt ist Elija das alles zu viel. Er ist an die Grenzen seiner Kräfte gekommen. Vielleicht hat er doch zu sehr geeifert und sich zu wenig von Gott tragen lassen. Jedenfalls ist er jetzt dem Burnout nahe. In der Wüste legt er sich erschöpft unter einen Wacholderstrauch und klagt Gott sein Leid. Er fühlt sich völlig elend und nutzlos, will alles vergessen. Und nun sitzt er da. Allein. Am liebsten möchte er sterben. Ist im wahren Sinne lebensmüde: „So nimm nun, Herr, meine Seele", schreit er zu Gott. Darüber schläft er erschöpft ein. Oder will er nur in Ruhe gelassen werden? Alles zu vergessen, was bisher geschehen ist? Und doch. Gott ist ihm nicht gleichgültig. Ohne seinen kompromisslosen Einsatz für seinen Herrn hätte er es leichter gehabt im Leben. Hätte er die Ereignisse in seinem Volk nur als unbeteiligter Zuschauer erlebt, würde es ihm jetzt besser gehen. Er könnte den Wohlstand seiner Umgebung genießen. Ohne schlechtes Gewissen.

Es ist berührend, wie Gott hier mit dem niedergeschlagenen Elija umgeht. Er macht ihm keine Vorwürfe. Er bestätigt auch nicht sein Selbstmitleid. Er sagt ihm nicht: Reiß dich endlich zusammen! Du musst nur richtig an mich glauben! Dann wärst du nicht so niedergeschlagen. Ganz im Gegenteil. Der Herr kümmert sich ganz praktisch um ihn.

Zunächst einmal lässt er Elija in einen tiefen Schlaf fallen. Damit er aus seiner Erschöpfungsdepression herauskommt. Und dann rührt der Allmächtige ihn an. Er weckt ihn nicht mit einem Donnerschlag oder einem hässlichen Weckerton. Ein Engel berührt ihn liebevoll. Er bringt ihm Wasser. Dazu auf heißen Steinen frisch geröstetes Brot. Genau das Richtige für einen erschöpften Mann in der Wüste. Der Bote Gottes macht ihn wieder „fit" für seinen Dienst: „Du hast einen weiten Weg vor dir!" – „Da stand er auf, aß und trank und wanderte, durch diese Speise gestärkt, vierzig Tage und vierzig Nächte bis zum Gottesberg Horeb." (1 Könige 19,8)

Der Prophet hat keine Chance, sich zur Ruhe zu setzen. Er bekommt keine monatelange Auszeit, kein Sabbatjahr. Vielmehr erhält er gleich wieder einen neuen Auftrag von Gott.

Elija ist am Horeb, dem Berg Gottes, in der Sinaiwüste angekommen. Ein Ort voller Geschichte. Dort hat sich Jahwe schon

Wieder naht Hilfe für Elija. Ein Engel bringt ihm Wasser und frisches Brot.

früher offenbart. Dort hat Mose von Gott die Tafeln mit den Geboten empfangen.

Dort findet Elija Abstand zu dem Ort des Gottesurteils mit den Baalspriestern. Diese räumliche Distanz ist notwendig, damit Elija seine überhitzten Brennstäbe herunterkühlen und die Situation aus der Ferne objektiver einschätzen kann.

Genau hier redet der Herr mit Elija. Er zeigt ihm, dem Mann Gottes mit dem Feuereifer, dass er eine neue Einstellung braucht. Elija findet dort eine Höhle. Es ist schon abends. Dort will er übernachten. Da hört er eine Stimme. Es ist Gott, der zu ihm spricht. „Elija, was machst du hier?" Elija klagt Gott sein Leid, seine Frustration und Niedergeschlagenheit: „Ich habe vergeblich geeifert, und es hat nichts genützt? Ich habe mich so abgestrampelt, und es ist doch anscheinend nichts dabei herausgekommen. Israel hat deinen Bund verlassen und deine Altäre zerbrochen. Obwohl ich mich auf das Äußerste eingesetzt habe. Sie haben deine Propheten mit dem Schwert getötet. Herr: Wer sich für dich wirklich einsetzt, der ist nicht erwünscht. Ja – er wird sogar getötet. Bald erwischt es mich auch. Herr, wo bleibt deine Hilfe? Erst war ich Feuer und Flamme und jetzt bin ich total ausgebrannt. Erst ganz oben und in Bestform und nun ganz unten und am Boden zerstört."

Vielleicht stecken hinter all dem Selbstmitleid unausgesprochen der nagende Zweifel, das Schuldgefühl. „Hundertfacher Mord an den Baalspriestern. War das vielleicht doch ein bisschen des „Guten" zu viel? Doch keine so glänzende Idee, was ich da im Rausch des Sieges getan habe? Vielleicht bin ich ja nicht nur vor der bösen Königin davongerannt, die mir gedroht hat. Vielleicht bin ich auch vor mir selbst davongelaufen."

Gott weiß, was Elija jetzt braucht. Er wird ihm die Augen öffnen für seine Lage. Damit er die Wirklichkeit erkennt. Damit

Am Eingang der Grotte wird Elija klar: Gott zeigt sich nicht in machtvollen Zeichen, sondern befindet sich im sanften Säuseln des Windes.

er kein notorischer Schwarzseher mehr ist. Deshalb fordert er ihn auf, vor die Höhle zu gehen: „Ich werde dir begegnen."

Elija hört auf die Stimme Gottes. Er begibt sich zum Eingang der Grotte. Da kommt ein starker Wind. Ein richtiger Sturm, der Berge zerreißt und Felsen spaltet. „Gott ist mächtig", denkt sich Elija. „Er ist so mächtig, wie dieser Wind." Aber Gott ist nicht in dem Sturm. Elija wartet weiter.

Da beginnt die Erde zu schwanken. Ein mächtiges Erdbeben. Noch viel stärker als der Wind. Elija muss aufpassen, dass er nicht umkippt. Aber auch jetzt erscheint Gott noch nicht. Elija wartet weiter. Als nächstes sieht er ein Feuer. „Da ist bestimmt Gott!", drängt sich ihm der Gedanke auf. Aber er sieht nur das Feuer, groß und gewaltig. Aber Gott sieht er nicht.

Dann wird es plötzlich ganz ruhig. Elija hört nur ein stilles sanftes Säuseln. So wie die Blätter eines Baumes ganz leicht durch den Wind rascheln. Jetzt spürt Elija: „Gott ist da." Schnell bedeckt er das Gesicht mit seinem Mantel. Er weiß, Gott ist so heilig, dass er ihn nicht direkt anschauen kann.
Damit macht Jahwe Elija eines klar: „Du bist nicht allein. Ich gebe dir einen neuen Auftrag. Ich habe einen neuen König ausgesucht, den du salben sollst. Und ich werde dir jemanden zeigen, der dein Nachfolger sein und deine Arbeit weiterführen wird."
Und Elija gehorcht. Jetzt hat er wieder neuen Mut. Wie konnte er nur vergessen, dass Gott immer da ist. Immer wird er daran denken: Gott ist der ewig Gegenwärtige. Gestern, heute und morgen. Du bist nicht allein, Gott ist bei dir, in allem, was du tust. (vgl. 1 Könige 19,1–18).

EIN EINSAMER RUFER IN DER WÜSTE

Der Doppelcharakter der Wüste mit ihrem Todes- und Lebensraum begegnet uns auch im Neuen Testament. Schon das erste Kapitel bei Markus beginnt mit der Stimme des Rufers in der Wüste: „Bereitet den Weg des Herrn!"
Was ist das für ein Mann, dieser Johannes? Eigentlich ist er ein Einsamer. Er lebt fernab vom Lärm und allem unnötigen Geschwätz der Menschen. Dort in der Weite der Wüste mit ihrem herben Zauber, der flimmernden Hitze in der sich ausdehnenden Unendlichkeit hat er sich ganz auf Gott eingestellt. In der Stille

In der Einsamkeit und Weite der Wüste hat sich Johannes, der Täufer, der Sohn des Zacharias, auf Gott eingestellt und verkündet Umkehr und Taufe. Er wird zum Wegbereiter für Christus.

lauscht er auf sein Wort. Als Mann der Wildnis kleidet er sich mit einem rauen Gewand aus Kamelhaaren. Um seine Hüften ist es mit einem ledernen Gürtel zusammengehalten. Ähnlich wie beim Propheten Elija. In seinem Auftreten gleicht er tatsächlich dem großen Eiferer Jahwes. Und doch ist er nicht Elija.

Der Täufer nährt sich in dieser Einöde von wildem Honig und Heuschrecken. Auf diesem Weg der Entsagung aller irdisch, materiellen Dinge möchte er die Menschen zum wahren Reichtum führen: in das Erfülltsein vom Geist Gottes.

In der Wüste fängt seine Mission an. Um sich auf diese Aufgabe vorzubereiten, ist er nicht einmal Priester wie sein Vater Zacharias geworden. Seine „Schule" ist das Leben in der Einöde. Einige Jahre lang. Und die Wüste bietet ihm viele Lektionen. Johannes lernt Hunger und Durst kennen. Er weiß, was es bedeutet, allein und einsam zu sein. Mit sich selbst fertig zu werden.

Er lernt das Wesentliche vom Unwichtigen zu unterscheiden. Er erlebt die überwältigende Schönheit der Wildnis. Aber auch ihre Schrecken und Gefahren.

Johannes hat gelernt, auf seine innere Stimme zu hören. So weiß er: Jetzt ist die Stunde gekommen. Jetzt muss ich zu den Menschen reden. Außergewöhnlich wie sein Lebensstil ist auch seine Botschaft: „Ihr seid auf dem falschen Dampfer. Euer Schiff ist mitten im Sinken. Bucht um und wählt ein anderes Boot, das euch sicher in den Hafen zu Gott bringt. Überprüft alles, was ihr tut, ob es mit dem Willen des Allerhöchsten übereinstimmt."

Während er sich von der Welt abgewandt hat, strömen die Leute zu ihm in die Einsamkeit. Die bisher in ihrem ganz privaten, abgeschlossenen Schneckenhaus gelebt haben. Sie denken um und besiegeln mit der Bußtaufe ihren neuen Lebensanfang.

Ein Jüngerkreis entsteht. In dieser absoluten Kargheit der Wüste geschieht eine intensive Begegnung der Menschen mit Gott und zueinander.

Johannes ruft ihnen zu: „Bereitet dem Herrn den Weg. Ebnet ihm die Straßen!" – „Und wie soll das geschehen?", fragen sie ihn. „Indem ihr umkehrt." Viele sind verunsichert: „Das ist gar nicht so einfach, umzukehren. Wir sind schon lange unterwegs und manche todmüde. Da kommst du jetzt und sagst: Du gehst in die falsche Richtung."

Johannes lässt nicht locker: „Wenn ihr euer Ziel erreichen wollt, müsst ihr kehrtmachen. Jawohl, ein ganzes Stück zurück, bis ihr euren neuen Lebensweg gefunden habt." Er spricht Unangenehmes aus. Redet den Leuten nicht nach dem Mund: „Macht nicht so weiter! Wenn ihr dem versprochenen Retter begegnen wollt, müsst ihr aus eurem Leben jeden Hass, jeden

Während sich Johannes von der Welt abwendet, kommen viele Menschen zu ihm. Eine intensive Begegnung mit Gott und zueinander wird möglich. Mit den Worten des Propheten Jesaja „Eine Stimme ruft. Bahnt für den Herrn einen Weg durch die Wüste" lebt Johannes seine Berufung.

Betrug, jede Lüge, jeden Stolz ausräumen! Sonst versperrt ihr dem Herrn den Weg zu euch! Macht euch keine falschen Vorstellungen. Nicht weil Abraham euer Stammvater ist, kommt ihr in das Himmelreich. Ihr müsst sein Vorbild nachahmen! Auswandern aus der Bequemlichkeit eurer vier Wände. Gutes und Böses können bei euch nicht unter dem gleichen Dach wohnen. Sie vertragen sich so wenig wie Feuer und Wasser. Deshalb dürft ihr niemals im Herzen schlechte Absichten haben. Ihr müsst euch entscheiden. Eine halbe Bekehrung gibt es nicht!" Johannes sagt, was Sache ist. Er braucht keine Statisten. Genauso wenig applaudierende Zuschauer. Auch keine Regisseure, die die Weltbühne für ihr eigenes Ego missbrauchen. Was er sucht, sind Menschen, die mit ihm konsequent und mit ihrem ganzen Sein die Wege des Herrn bereiten. Damit andere Menschen den Gesalbten Gottes sehen und erfahren können.

Aber es kommt noch dicker. „Wer hat euch eigentlich beigebracht, ihr könntet dem künftigen Zorngericht entgehen?" Die Leute, denen er solche Worte an den Kopf wirft, gehören zur geistlichen Elite in Israel: Priester aus der Gruppe der Sadduzäer. Pharisäer, die es mit den Geboten Gottes besonders genau halten. Die viel mehr tun als im Gesetz vorgeschrieben ist. Wenn man zweimal in der Woche fasten sollte, dann fasten sie dreimal. Jeder schaut mit Hochachtung auf diese Männer. Und nun schleudert Johannes ihnen die grobe Bezeichnung „Ihr Schlangenbrut!" ins Gesicht. Weil er zu gut aus eigener Erfahrung weiß: Es gibt kein schwierigeres Unterfangen, als einem frommen Menschen klar zu machen, dass er Umkehr nötig hat. Prompt kommt die Gegenreaktion: „Johannes, du kannst doch nicht uns meinen. Wir haben Abraham zum Vater. Wir sind beschnitten. Wir gehören zum auserwählten Volk. Unser Platz im Himmel ist hundertprozentig garantiert." Der Täufer lässt sich nicht beeindrucken: „Trotzdem bleibt ihr solange eine Schlangenbrut, solange ihr eure verhärteten Herzen nicht aufbrecht und nicht eure Selbstgenügsamkeit und Selbstsicherheit aufgebt. Zeigt mir eure Früchte vor, an denen ich eure Bekehrung ablesen kann. Früchte des Glaubens, Früchte der Hoffnung und Früchte der Liebe! Denn Umkehr heißt: Schiebt nicht eure Fehler, euer Versagen anderen in die Schuhe, sondern übernehmt dafür selbst die Verantwortung." (vgl. Matthäus 3,1–12)

„Gebt euch mit eurem Sold zufrieden!", ruft Johannes den Besatzungssoldaten zu, die oft aus einer Laune heraus Menschen quälen und ausplündern. Selbst diese rauen und hartgesottenen Kerle haben sich auf den Weg gemacht, um den Wanderprediger zu sehen. Was hat sie hingetrieben? Neugier? Sensationslust? Oder haben sie gemerkt, dass vieles so leer in ihrem Leben ist?

Und suchen einen Neubeginn? Johannes redet ihnen ins Gewissen: „Korruption und Gewaltmissbrauch dürfen nicht sein. Ihr müsst jedoch euren Beruf nicht aufgeben. Wer als Soldat zu Gott findet, kann weiter Soldat bleiben."

Da stehen auch Zöllner am Ufer des Jordan. Während die Söldner mit offener Gewalt die Menschen schikanieren, tun das diese auf feinere Art. Sie betrügen das eigene Volk mit ihren geschickten Tricks. Doch selbst diese haben sich auf den Weg gemacht, um sich neu zu orientieren. Vielleicht, weil sie gemerkt haben, dass ihre Unzufriedenheit nicht von daher kommt, weil sie zu wenig Geld haben. Möglicherweise kann ihnen der Lehrer in der Wüste neue Ziele aufzeigen. Und er tut es auch. Sie sollen ihren Beruf im Rahmen der Gebote Gottes ausüben. (vgl. Lukas 3,12–14)

Immer wieder fragen die Menschen Johannes: „Was sollen wir denn tun?" Die Antwort ist kristallklar: „Das alte Leben genügt nicht. Gott will euer Leben total erneuern. Gleichzeitig sollt ihr wissen: Es ist ein Wagnis, auf das ihr euch einlasst. Der gemeinsame Lebensstil mit dem Gesalbten des Herrn bleibt nicht ohne Risiko: Wer zwei Hemden hat, soll dem eins geben, der keines hat. Und wer etwas zu essen hat, soll es mit dem teilen, der hungert. Gott möchte, dass euer Glaube konkret wird. Dass ihr ihn nicht zur Privatsache erklärt. Es geht um Gerechtigkeit, um das Teilen, um eine gute Ordnung, die dem Leben dient. Gott möchte den alten Speicher eures Lebens entrümpeln." (vgl. Lukas 3,10–11)

Indem Johannes in der Wüste die messianische Zeit ausruft, löst er eine Bewegung der Hoffnung aus. Das Volk wird von einer großen Unruhe erfasst. Die fiebrige Erregung steigert sich von Tag zu Tag: Vielleicht ist er gar der Messias? Doch er antwortet mit einer klaren Ablehnung: „Ich bin es nicht." Aber er ist ein Prophet im vollen Sinn des Wortes. Seine Berufung wird in dem Hinweis von Jesaja deutlich: „Eine Stimme ruft. Bahnt für den Herrn einen Weg durch die Wüste! Baut in der Steppe eine ebene Straße für unseren Gott! Jedes Tal soll sich heben, jeder Berg und Hügel sich senken. Was krumm ist, soll gerade werden, und was hügelig ist, werde eben. Dann offenbart sich die Herrlichkeit des Herrn." (Jesaja 40,3–5)

Der Täufer selbst ist diese Stimme: Rufer, Herold, Ansager. Er fordert Bereitschaft und Abkehr vom Bösen, Umkehr zum Guten. Mit der Bußtaufe greift er einen uralten Ritus auf, wodurch der Mensch sein Bedürfnis nach Reinigung und innerer Läuterung äußerlich zum Ausdruck bringen kann. Damit wird Johannes zum Hinweis auf Christus, zum Wegbereiter für dessen Kommen. Seine Zuhörer sollen abtragen, was dem Herrn im Weg steht. Auch wenn ihre Straße immer noch eine holprige Piste in der Wüste bleiben wird.

Johannes lässt keinen Zweifel mehr offen: „Der andere, der Messias nämlich, ist schon da. Er steht mitten unter euch. Der Unterschied zwischen ihm und mir ist so groß, dass ich nicht einmal würdig bin, ihm einen Sklavendienst zu leisten. Ein Unterschied so groß wie zwischen Gott und Mensch." (vgl. Lukas 3,1–16)

Während der Täufer darauf hinweist, dass jetzt das messianische Reich im Kommen ist, führt er gleichzeitig damit den Messias persönlich ein: „Siehe da!" Alle seine Worte, sein Handeln laufen in diesem einen Punkt zusammen: „Da ist er! Er wird aus der toten Wüste, aus dem schlimmsten Trümmerhaufen eures Lebens, aus der trostlosesten Situation einen blühenden Garten machen."

DER VERSUCHER IN DER WÜSTE

Jesus hat sich selbst unter die Sünder eingereiht. Der Täufer wird von maßlosem Staunen erfasst: „Ich hätte es nötig, von dir getauft zu werden, und du kommst zu mir." Doch Jesus bittet ihn, es geschehen zu lassen. Durch sein Hinabsteigen in die verdorbene Menschheit wird der Fluss der Schuld durchbrochen. Der Himmel öffnet sich. Der Vater bekennt sich zu seinem Eingeborenen: „Dieser ist mein geliebter Sohn" (vgl. Matthäus 3,17). Eine Stimme, die nie wieder verhallen wird.

Das überwältigende Bewusstsein der Gottessohnschaft ist jetzt in Jesus so stark, dass er es unter den Menschenmassen einfach nicht mehr aushält. Es treibt ihn in die Einsamkeit der Wüste. Der Gehorsam gegenüber Gottes Geist hat ihn dort hingeführt. 40 Tage fastet er hier wie vor ihm schon Mose und Elija. Dort lässt er sich überfluten von den Strömen des Gottesgeistes.

An der historischen Taufstelle Jesu am Jordan auf israelischer Seite

Er vergisst Essen und Trinken. Ekstatisch wird er im Gebet über sich hinausgehoben.

Da tritt der Versucher an ihn heran. Die Worte vom Wohlgefallen des Vaters haben den Geist der Ablehnung aus dem Untergrund gerufen, auf dem der Fluch des Allmächtigen liegt. Hier, in der Nähe des Feindes, fühlt sich Jesus wieder seiner Menschlichkeit überlassen. Luzifer hält tolle Angebote bereit.

Bei der ersten Versuchung wirft der Böse die Frage auf: Wie kann die Menschheit von ihrem Elend erlöst werden? Denn dazu ist ja Jesus in die Welt gekommen. Er will die Menschen zu Gott zurückführen.

Satan zeigte drei einleuchtende Wege, wie Jesus den Menschen helfen könnte: „Viele leiden unter Hungersnot. Wenn du Steine in Brot verwandelst, kannst du den Hunger in der Welt mit einem Schlag abschaffen. Dann wären die Menschen aufnahmefähig für Gott. Mit leeren Bäuchen kann niemand auf das Wort Gottes hören. Aber wenn du die Leute gesättigt hast, dann werden sie dir dankbar sein und sind bereit für deine Botschaft."

Gleichzeitig spürt Jesus den leiblichen Hunger. Der Körper meldet sich mit ganz eigener Kraft. Hunger, der an den Lebensnerv geht. Wer einmal Hunger hatte, der weiß, wie leicht man dann verführbar ist.

Der Böse kennt die menschlichen Schwachstellen. Gegen diesen Hunger, der Jesus quält, soll er doch einfach das tun, was er als der Sohn Gottes kann. Der Versucher spricht so vom Brot, dass Jesus den Geschmack direkt zu spüren bekommt. Er flüstert ihm ins Ohr: „Ach, ist doch nur ein kleiner Schritt. Es sieht ja auch keiner, wenn du schnell diesen einen Stein in ein würzig duftendes Brot verwandelst und dir damit deinen Hunger stillst. Außerdem könntest du damit zum Brotkönig werden. Du wirst glänzen, alle überrumpeln mit der glänzenden Macht der Gottesbeweise. Ohne das Kreuz. Das wäre doch was! Auf so einem kreuzesfreien Weg als Höhenweg durch die Welt schreiten. Umjubelt von den Menschen. So einen Guru wollten sie doch immer schon!" Doch Jesus durchschaut den Feind: Unter dem Schein des Emporgehobenwerdens über die menschliche Kleinheit liegt die Versuchung des Absinkens von der göttlichen Größe in das Aufgehen im rein Materiellen. Jesus widersteht.

Der Plan ist gescheitert. Aber der Satan wäre nicht teuflisch, würde er gleich nach dem ersten fehlgeschlagenen Versuch klein beigeben. In der zweiten Versuchung will er Jesus zum sensationellen Schausteller degradieren. Wie ein *Deus ex machina*, der automatisch alle Schwierigkeiten überwindet. Warum also einfach und schlicht als Bruder unter den Menschen leben, wenn es als Supermann viel leichter geht?

Jesus wird auf die Zinnen des Tempels der Stadt Jerusalem geführt. Der Teufel kommt nicht mit atheistischem Wutschnauben daher, sondern fromm und säuselnd, mit Bibelversen gespickt: „Als Gottes Sohn ist dir doch alles möglich. Wenn du dich in die Tiefen stürzt, müssen doch die Engel kommen und dich auffangen." (vgl. Psalmen 91,11)

Die Versuchung Jesu findet auf den Mauern des Jerusalemer Tempels statt.

Diese Verlockung zielt auf Verunsicherung. Der Versucher nährt den Zweifel: „Starte dieses Experiment und stürze dich von den Zinnen! Jetzt muss Gott halten, was er dir versprochen hat!" Auch diese Probe geht fehl.

In der dritten Versuchung fällt die Maske des Bösen: „Alle Reichtümer der Welt könnten dir gehören!" Was für eine Aussicht!

Jetzt sieht der Böse nur noch eine Chance. Die letzte. Er setzt alles auf eine Karte. Und diese heißt: Macht. Macht korrumpiert irgendwann alle. Egal ob in der Politik, in der Wirtschaft oder in der Kirche. Gib einem Menschen Macht und er wird sich verändern. Er wird sich von all seinen guten Vorsätzen, die ihn einst bestimmt haben, abbringen lassen. Er wird ein anderer. Weil er die Power, die er einmal gewonnen hat, nicht mehr loslassen will. Im Zweifelsfall wird er sogar seine Seele verkaufen, um an der Macht zu bleiben. In der dritten Versuchung appelliert Satan an diese Macht: „Willst du wirklich durch die Ohnmacht des Kreuzes die Macht der Sünde brechen? Wäre es nicht wirksamer, im Vertrauen auf rein irdische Power die Selbsterlösung der Menschheit in Gang zu setzen? Alle Reichtümer der Welt könnten dir gehören. Was für eine Aussicht! Ansehen, Macht, Geld, was immer du dir wünschst. Ich verlange nur eine kleine Geste: Bete mich an! Was kannst du eigentlich mehr wollen? Alleiniger, unangefochtener Herrscher der Welt zu sein!"

In dieser letzten Versuchung fällt die Maske des Bösen: „Mir gehört die Welt. Ich kann alle Mächtigen in meinen Sack stecken. Nimm mein verlockendes Angebot an! Und die Menschen werden dir zu Füßen liegen. Was brauchst du dann noch den Vater? Du kannst dich selbst an seine Stelle setzen. Warum warten, bis er dir seinen Willen kund tut? Lieber gleich in die Tat umsetzen, was dein Wille ist."

Jesus hält all diesen drei Verlockungen stand. Kein Schatten soll zwischen ihm und dem Vater aufkommen. Er entgegnet dem Versucher mit Worten aus der Heiligen Schrift: „Der Mensch lebt nicht vom Brot allein, sondern von jedem Wort Gottes." (vgl. Deuteronomium 8,3) „Du sollst Gott, deinen Herrn nicht herausfordern oder auf die Probe stellen." (vgl. Deuteronomium 6,16)

Das Spiel ist aus. Der Dämon hat es verloren. Er hat verstanden, dass man mit Gott nicht spielt. Und erst recht nicht mit seinem Sohn. Die Fronten sind geklärt. Hier der Böse mit seinen teuflischen Versuchen. Dort Gott und sein Sohn. Da gibt es keine Brücke, keine Verbindung, keine Gemeinsamkeit. Es ist dem Bösen nicht einmal möglich, auch nur den kleinsten Keil zwischen Gott und Jesus zu treiben. Mit all den Dingen, die Menschen so wichtig sind: Brot, Sensation, Macht. Damit kann er Jesus nicht verführen.

Und dann zum Schluss: Die kurze und klare Antwort: „Weg mit dir, Satan!

Denn in der Schrift steht: Vor dem Herrn, deinem Gott, sollst du dich niederwerfen und ihm allein dienen." (Matthäus 4,10) Damit macht Jesus eines deutlich: Menschliches Herrschen, das nicht im Dienst Gottes steht, entartet zur Vergewaltigung der Erde und des Menschen. Der Zusammenprall mit dem Satan in der Wüste endet in einer tiefen Begegnung mit der Realität des Himmels: „und es kamen Engel und dienten ihm." (Matthäus 4,11)

Jesus widersteht den Verführungen und antwortet mit den Worten aus der Heiligen Schrift: „Der Mensch lebt nicht vom Brot allein, sondern von jedem Wort Gottes."

II. TEIL
DIE SPIRITUALITÄT DER WÜSTE

EIN ALTERNATIVER LEBENSSTIL ENTWICKELT SICH

Dank intensiver, archäologischer Forschungen in den letzten Jahrzehnten sind in der Wüste Judas und des Negev zahlreiche Klöster aus der byzantinischen Zeit ans Tageslicht getreten. Diese Tatsache wirft neues Licht auf den *Way of life* dieser Eremiten, die die Wüste mit gutem Recht als ihre Stadt bezeichneten.

Als der „Konstantinische Friede" am Anfang des vierten Jahrhunderts die Kirche zu einer Anpassung an den Geist der Welt einlädt, ziehen sich Menschen ganz bewusst in die Einöde zurück. Als Protest gegen eine institutionalisierte, säkularisierte Kirche, gegen den faulen Kompromiss mit einem Imperium, das der Kaiser viel zu schnell als christlich proklamiert hat. Von einem starken, inneren Impuls angetrieben, wollen diese Mönche das Erbe der urchristlichen Gemeinde antreten: „Sie hielten an der Lehre der Apostel fest und an der Gemeinschaft, am Brechen des Brotes und an den Gebeten … Sie lobten Gott und waren beim ganzen Volk beliebt." (Apostelgeschichte 2,42.47)

Jene einsamen Rufer in der Wüste betrachten ihren Auftrag nicht als eine menschliche Erfindung, sondern als Geschenk Gottes für die Kirche und die Menschheit. Sie werden zum Fanal einer lebendigen *Christophanie*, zu einer permanenten Herausforderung in Richtung eines eschatologischen, endzeitlich orientierten Denkens, zu einem Werkzeug der Liebe Gottes in der Welt.

In der „Hoffnung gegen jegliche Hoffnung", in der demütigen Annahme ihrer eigenen Armseligkeit und Begrenztheit, aber gleichzeitig in einem „unverschämten" Vertrauen auf die Barm-

Der Wüstenmönch lebt in der Einsamkeit, aber er ist nicht isoliert vom Rest der Welt.

herzigkeit Gottes werden sie als Bewohner der Einöde zu einem lebendigen Mahnmahl für einen „evangelischen Radikalismus". Als „Verrückte" nach Christus durchbrechen diese Einsiedler mit einer extremen inneren Freiheit alle herkömmlichen Schemata. In prophetischer Weitsicht haben sie in der Wüste ihren Blick für die Unterscheidung der Geister geschärft. Sie denunzieren furchtlos Gewalt und Ungerechtigkeiten der Mächtigen dieser Welt. Und das alles innerhalb einer Kirche, die der Versuchung ausgesetzt ist, sich zu etablieren, sich mehr vom Kopf als vom Herzen leiten zu lassen. Die nur vorsichtig ihre Fühler nach neuen Wegen ausstreckt. Die immer wieder Gefahr läuft, in einem rein menschlichen Denken stecken zu bleiben.

Hilarion gilt als Begründer des Mönchtums in Palästina. Chariton, ein anderer Wüstenvater, gründet in der Gegend von Jericho in den Felsen seine Laura Quarantal. Nach der Tradition soll dort Jesus vom bösen Feind versucht worden sein.

Diese spontane Mönchsbewegung in Palästina startet schon um das Jahr 308 mit einem Einsiedler namens Hilarion. Man bezeichnet ihn gerne als den Protomönch des Heiligen Landes. Er selbst stammt aus der Stadt Gaza, dem Brückenkopf zwischen ägyptischem und griechischem Einfluss. Mit 15 Jahren wird Hilarion Augenzeuge, wie christliche Märtyrer während der Diokletianischen Verfolgung lieber den Tod wählen als dem hellenistischen Gott Marnas zu opfern. Der junge Mann ist davon so tief erschüttert, dass er sich taufen lässt. Nach dem Hinscheiden seiner Eltern verteilt er sein Vermögen unter den Armen. Dann zieht er sich zum Bibelstudium in die Wüste zurück. Bald kennt er die ganze Schrift auswendig. Weitere Mönche schließen sich ihm an.

Ein anderer Wüstenvater ist Chariton. Ende des dritten Jahrhunderts zieht er von Ikonium als Pilger nach Jerusalem. Räuber überfallen ihn und verschleppen den Wehrlosen in ihre Höh-

le bei Ein Pharah. Die Kidnapper trinken vergifteten Wein und kommen dabei um. Chariton sieht in diesen Ereignissen einen Fingerzeig Gottes. Er entscheidet sich, als Einsiedler in dieser Höhle zu bleiben. Nur wenige Schritte davon sprudelt die frische Quelle von Pharah. Sie hat eine kleine, grüne Oase zwischen den pittoresken Wänden des Wadi geschaffen. Die Lage ist ideal, nur 14 Kilometer von der Heiligen Stadt entfernt und eineinhalb Stunden Fußweg bis nach Anatot, der Heimat des Propheten Jeremia.

Allmählich verbreitet sich der Ruf des Wüstenmönches. Juden- und Heidenchristen suchen ihn auf, um seinen Rat einzuholen. Doch bald wird es ihm zu turbulent. Um 340 hält er nach einem anderen Winkel in der Wüste Juda Ausschau. Durch das Wadi Qelt wandert er der römischen Straße entlang bis in die Gegend von Jericho. Oben auf dem Gipfel des Berges bei der nahe gelegenen Makkabäer-Festung Douka gründet er seine Laura Quarantal. Nach der Tradition soll dort Jesus während seines vierzigtägigen Wüstenaufenthalts vom bösen Feind versucht worden sein (vgl. Matthäus 4,1–11; Lukas 4,1–13; Markus 1,12–13). Chariton hat nie eine Regel geschrieben. Für seine Schüler gilt als einzige Richtschnur sein strenges Leben im Rhythmus der Liebe zu seinem Herrn. Immer auf der Suche nach diesem großen Ideal wird er in der Wüste gleich einem Johannes, dem Täufer, zu einer brennenden und leuchtenden Fackel (vgl. Johannes 5,35).

EINE STADT ENTSTEHT

Immer mehr Klöster schießen wie die Pilze aus dem Boden. Oft ist es zunächst nur ein Mönch, der sich aus der Welt in die Einsamkeit zurückzieht. Nach und nach schließen sich ihm Gleichgesinnte an. Eine kleine Kommunität entsteht. Der Gründer selbst ist normalerweise der Leiter einer Gemeinschaft.

In vielen Fällen kommen Mönche – so wie Hilarion – zunächst als Pilger ins Heilige Land. Sie tragen die brennende Sehnsucht im Herzen, in Jerusalem oder an anderen biblischen Stätten zu beten. Dabei muss man bedenken, dass in der frühchristlichen Zeit eine Wallfahrt ins Heilige Land ein risikoreiches und kostspieliges Unternehmen bedeutet. Dem Pilger wird dringend angeraten, er solle sich mit drei Säcken ausrüsten: ein Sack voller Glaube, einer voller Geld und ein dritter Sack voller Geduld. Viele machen vor dem Abschied aus der Heimat ihr Testament. Bei der Mühsal der Reise zu Wasser und zu Land, ständig den Gefahren vor Plünderern ausgesetzt, gelangen nur die Waghalsigsten und Robustesten an das ersehnte Ziel. Nicht wenige entscheiden sich, den Rest ihres Lebens dort als Eremiten zu verbringen. Man

Die Vision des Propheten Jesaja für das messianische Reich lautet: „Die Steppe soll jubeln und blühen."

zählt im fünften Jahrhundert um die 20.000 Mönche, die mit ihrem „alternativen Lebensstil" wie in einer Stadt die Wüste bevölkern. Durch ihr hochtourig geistliches Leben beginnt in der Tat das Ödland zu grünen, so wie es Jesaja in seiner Vision für das messianische Reich geschaut hat: „Die Wüste und das trockene Land sollen sich freuen, die Steppe soll jubeln und blühen. Sie soll prächtig blühen wie eine Lilie, jubeln soll sie, jubeln und jauchzen." (Jesaja 35,1–2)

Der Kirchenvater Hieronymus, der selbst als Mönch bei der Geburtsgrotte Jesu in Betlehem lebte, schildert einmal einem Freund den faszinierenden Aspekt eines solchen Einsiedlerlebens: „Oh Wüste, aufgeblüht durch die Blumen Christi. In dieser Einsamkeit findest du lebendige Steine, mit denen die Stadt des großen Königs aufgebaut wird. Eine Stille, in der sich Gott leichter entdecken lässt als an irgendeinem anderen Ort der Welt. Dort sehe ich ein großes Licht. Es strahlt stärker als alle rauschenden Festlichkeiten Roms. Ich tauche unter in den reinen Glanz des Himmels."

Nicht alle verkraften dieses raue und gefahrvolle Leben in der Wüste. Mit deren Mangel an Grünwuchs und Wasser. Durch ständige Bedrohung von wilden Tieren. Die erfahrenen Eremiten empfehlen deshalb, der Mönchsbewerber sollte mindesten das 30. Lebensjahr überschritten haben und eine erprobte Lebenserfahrung mitbringen. Die Wüste sei kein Fluchtort vor der äußeren Welt, sondern ein Kampfplatz gegen die Feinde der inneren Welt.

Der Lebensunterhalt der Mönche entspricht dem kargen Ambiente der Einöde: Kräuter und trockenes Brot. Nur am Sonntag und an kirchlichen Hochfesten ist der Genuss von Olivenöl erlaubt. Der Eremit fühlt sich wie ein Athlet. Durch Abhärtung stählt er Geist und Körper, um den Attacken des Feindes mit seinen falschen Trugbildern gewachsen zu sein. Vor seinem Auge stehen die eindringlichen Worte des Petrus: „Seid nüchtern und wachsam! Euer Widersacher, der Teufel, geht wie ein brüllender Löwe umher und sucht, wen er verschlingen kann." (1 Petrus 5,8) Deshalb lebt der Mönch in ständiger Kampfbereitschaft, in der Beherrschung seiner Leidenschaften. Tag und Nacht verbringt er in Gebet und Meditation. So wird seine Zelle zu einem Altar, die Weite der Wüste zu einem Schlachtfeld. Dort trägt er Gott lobend und preisend den Sieg über alle Mächte der Finsternis davon.

In der Einöde der Wüste wird der Felsblock zum Altar.

In der byzantinischen Zeit ist Jerusalem eine weltbürgerliche Stadt. Christen aus allen Teilen des Reiches strömen dort hin. Die Folge davon ist der kosmopolitische Charakter der Klöster. Die Mönche stammen aus allen Provinzen des Imperiums. Es entwickelt sich ein monastischer Lebensstil, der weit über die Wüste hinaus für seine Toleranz und Offenheit bekannt ist. Geschichtliche Quellen und archäologische Funde verraten uns, wie die Wüstenväter gleichsam eine pluralistische Gesellschaft im Kleinen bilden, gut organisiert, ausgeglichen und jedem asketischen Extremismus kritisch entgegenstehend.

In der Laura lebt jeder Mönch in seiner eigenen Zelle. Manche von ihnen sind an steilen Kliffen errichtet. Wie Adlernester kleben sie an den schwer zugänglichen Felswänden.

Mit der Zeit kristallisieren sich zwei verschiedene Klostertypen heraus: Die *Laura* und das *Coenobium*. In der *Laura* lebt jeder Mönch isoliert in seiner eigenen Zelle. Deshalb ist eine solche Klosteranlage auf einen weiten Gebietsraum angelegt. Das griechische Wort Laura bedeutet soviel wie Pfad, Weg und meint damit die Zugänge zu den einzelnen Zellen. Die Kirche bildet das Herz der Anlage. Daneben befindet sich der Residenzraum des Gründervaters, ein Zimmer für den Klosterschatz, Zellen für den Priester und seine Helfer. Auch der Lebensunterhalt für die kommende Woche wird dort in der einfachen Bäckerei verteilt. Ebenso das Rohmaterial für das handwerkliche Schaffen. Meist in der Herstellung von Körben.

Der zweite Klostertypus ist das *Coenobium*. Hier führen die Gottesmänner ein gemeinschaftliches Leben. Genau das meint das griechische Wort *koinos bios*. Die Mönche leben nach einer festgelegten Ordnung des Gebets, der Arbeit und der gemeinsamen Mahlzeiten. Die Wohnzellen befinden sich innerhalb des zentralen Baues, verbunden mit einer Art Kreuzgang, der wiederum von einer quadratischen Mauer begrenzt ist. Die ganze Anlage macht den Eindruck einer starken Befestigungsanlage.

Die Wüstenklöster unterscheiden sich voneinander auch durch ihre geographischen und architektonischen Elemente. Manche von ihnen sind an steilen Kliffen errichtet. Wie Adlernester kleben sie an den schwer unzugänglichen Felswänden.

In einer Höhle im Wadi Qelt soll der Prophet Elija von einem Raben mit Wasser und Brot versorgt worden sein. Nach dem apokryphen Jakobusevangelium hat in der gleichen Grotte Joachim, der Vater von Maria, der Mutter Jesu, um die lang ersehnte Geburt eines Kindes gebetet.

Im Coenobium führen die Gottesmänner ein gemeinschaftliches Leben nach einer festgelegten Ordnung des Gebets, der Arbeit und der gemeinsamen Mahlzeiten. Die Anlage, hier das Katharinenkloster im Sinai, macht den Eindruck einer starken Befestigung.

Im Kontrast dazu entstehen Niederlassungen in der Ebene oder auf dem Plateau eines Berges. Die Mönche wählen diese Plätze wegen ihrer engen Beziehung zu biblischen Ereignissen wie das Kloster Quarantal auf dem Berg der Versuchung. Auch wenn die heutige Anlage nur auf das 19. Jahrhundert zurückgeht, so findet man in der Nähe noch Überreste der von Chariton gegründet imposanten byzantinischen Laura von Douka.

In einer Höhle im Wadi Qelt soll nach einer alten Tradition der Prophet Elija von einem Raben mit Wasser und Brot versorgt worden sein. Nach dem apokryphen Jakobusevangelium hat dort in

Das Kloster St. Georg trägt den Namen seines berühmtesten Mönches, Georg von Khoziba. 20 km östlich von Jerusalem und 5 km westlich von Jericho hängt es an der senkrecht abfallenden Felswand des Wadi Qelt.

der gleichen Grotte Joachim, der Vater von Maria, der Mutter Jesu, um die lang ersehnte Geburt eines Kindes gebetet. Um 470 gründet an dieser biblischen Erinnerungsstätte ein Pilger aus Ägypten die Laura von Khoziba. 100 Jahre später klopft ein Zypriote namens Georg dort an die Klosterpforten. Da dem jungen Mann nur ein leichter Flaum im Gesicht steht, wird er rigoros abgewiesen. Unverdrossen hockt er sich an den Weg und bietet den Pilgern seine Hilfe an. Er trägt ihr Reisegepäck oder flickt ihnen die Schuhe. Als Jahre später – endlich – Georg mit einem langen, struppigen Bart Eingang in die Mönchsgemeinschaft findet, wird er zu einem glühenden Vorbild der Nächstenliebe. Nach seinem Tod als Heiliger verehrt, preisen die Mönche bis heute noch seine Taten: „Nicht die Länge des Weges noch die Nöte an seinen Stationen konnten deinen feurigen Aufbruch zu Gott hindern. Die Liebe, die in deinem Herzen wohnte, hat Tränen hervorbrechen lassen. Du hast die Fußspuren Christi berührt. Du lebtest in der Vorstellung, dass sein liebender Blick immer auf dich gerichtet war."

Was bedeutet „Streiten" für die Wüstenmönche?

Eines Tages ging ein Wüstenmönch aus dem St. Georgskloster nach Jerusalem, um auf dem Markt seine geflochtenen Körbe gegen Lebensmittel einzutauschen. Da sah er plötzlich, wie zwei Händler vor einem Haufen Weintrauben miteinander stritten. Sie rissen sich gegenseitig den Bart aus und schlugen aufeinander ein. Verwundert blieb der Mönch stehen und fragte einen der beiden Streithähne: „Was macht ihr denn da?" „Siehst du nicht, dass wir streiten?" Dieses Wort kannte der Mönch nicht in seinem Vokabular. „Kannst du mir erklären, was das bedeutet?", fragte er neugierig. „Das ist doch ganz einfach", lachte der Mann vulgär. „Ich sage, dieser Haufen Trauben gehört mir. Und der andere behauptet: ‚Nein, das sind meine!' Dann dreschen wir mit den Fäusten aufeinander ein. Der stärkere behält am Ende die Trauben für sich. Der schwächere jedoch muss mit seiner blutenden Nase das Weite suchen." „Danke für diese interessante Belehrung", verabschiedete sich der Mönch freundlich und ging seines Weges.

> Als er am Abend in seinem Kloster ankam, rief er einem Mitbruder zu, der ihm die Pforte öffnete: „Lieber Bruder Theophilos, ich muss dir eine Neuigkeit mitteilen." „Ja, was ist es denn", antworte dieser voller Erwartung. „Kennst du streiten?" – „Nein, noch nie gehört." „Ich werde es dir jetzt zeigen. Das habe ich nämlich heute auf dem Markt gelernt. Ich lege jetzt diesen Korb Äpfel zwischen uns in die Mitte. Dann sage ich: ,Diese Äpfel gehören mir.' Und du schreist mich an: ,Nein, die gehören mir.' Dann ziehen wir uns gegenseitig an den Bärten und gehen mit geballten Fäusten aufeinander los, bis der stärkere gesiegt hat und die Äpfel für sich einheimst. Also fangen wir an: ,Der Korb Äpfel gehört mir!'"
>
> „Nimm", sagte Bruder Theophilos und hielt ihm den ganzen Korb entgegen.

Eine modellhafte Gründung in der Ebene ist das Theodosius-Kloster. Der großzügig angelegte, festungsähnliche Bau liegt nur wenige Kilometer östlich von Betlehem, am Südufer des Kidrontales und wird noch heute von Mönchen bewohnt. Nach der Tradition ist ihre Kirche über jener Höhle errichtet, in der die drei Weisen aus dem Morgenland die Nacht verbrachten, nachdem sie das göttliche Kind in Betlehem gefunden hatten.

Der Mönch Gerasimos gründet im Jahr 475 ebenfalls eine Niederlassung im Jordantal, nördlich des Toten Meeres. Das *Coenobium* entwickelt sich bald zu einem Beispiel monastischen Lebens. Mit dem Kloster als Mittelpunkt leben mehr als 70 *Anachoreten* über die weite Ebene hin verstreut. Von Montag bis Freitag halten sie sich in ihren Höhlen auf. Die Nahrung besteht aus Brot, Datteln und Wasser. Ihre Zellen bleiben stets unverschlossen, damit jeder bedürftige Bruder eintreten und sich das Notwendigste nehmen kann. Am Wochenende versammeln sich die Mönche im Mutterkloster, verkaufen ihre geflochtenen Körbe und empfangen die Eucharistie. Von Gerasimos erzählt man, dass er sich in der Passionszeit ausschließlich von der wöchentlichen Kommunion

Der Mönch Gerasimos gründet im Jahr 475 eine Niederlassung im Jordantal nördlich des Toten Meeres. Das Kloster entwickelt sich bald zu einem Beispiel monastischen Lebens.

nährte. Obwohl er von giftigen Schlangen, Skorpionen und wilden Tieren umgeben war, sei er nie von ihnen angegriffen worden. Einmal habe er einem Löwen einen Splitter aus der Pfote gezogen.

Friedlich miteinander sollen der Wüstenvater Gerasimos und ein Löwe gelebt haben.

Aus Anhänglichkeit sei die Bestie bei ihm geblieben. Selbst, als der Mönch im hohen Greisenalter verstarb, wäre das Tier nicht von seinem Grab gewichen, bis es schließlich verhungerte.

DIE BIBEL ALS KOMPASS

Die palästinensischen Asketen des vierten Jahrhunderts tragen eine Mönchstracht, die für sie hohen symbolischen Wert besitzt. Auf die Frage eines Außenstehenden, warum an seiner Tunika ein Purpurabzeichen angebracht sei, antwortet der Mönch Dorotheas: „Alle Soldaten im kaiserlichen Dienst tragen als *Insignium* Purpur auf ihrem Umhang. Wir haben diese Zeichen gewählt, weil wir Soldaten Christi sind. Auch Jesus trug den Purpurmantel während seiner Passion. Unser Gürtel soll uns daran erinnern, dass wir stets arbeitsbereit sind. Oder das *Skapulier*. Es liegt über unseren Schultern in der Art eines Kreuzes. Wie unser Meister gesagt hat: ‚Nimm dein Kreuz und folge mir nach!'"

„Und warum legt ihr euch eine Kapuze um, wie sie nur die kleinen Kinder tragen?", bohrt der Fragende weiter. „Es ist Hinweis dafür", antwortet Dorotheas lächelnd, „dass wir vor Gott klein sein wollen und auf seine Gnade angewiesen sind. So wie die Kapuze den Kopf des Kindes schützt, so schützt die göttliche Aura unseren Geist."

Während die Mönche sich in erster Linie dem geistlichen Leben hingeben, engagieren sie sich gleichzeitig für jene, die im Leben zu kurz gekommen sind: für die Hungernden, Obdachlosen, Alten und Kranken. Sie alle finden in der geräumig angelegten *Coinonia* einen Zufluchtsort. Das Kloster wird zu einem Auffangnetz für die unterbemittelten Klassen der damaligen Zeit.

Das tiefste Geheimnis der Eremiten besteht in dem Bemühen um Gleichförmigkeit mit Christus, ihrem Herrn. Sein Leben, sein Vorbild und sein Geist sind Richtschnur ihres Denkens und Handelns. Ihr Gebet soll zur Arbeit werden und ihre Arbeit zum Gebet. Damit wollen sie schon ein Stück Himmel auf diese Erde herabziehen und gleichzeitig der Welt die Harmonie mit allem Geschaffenen neu schenken. Sie fühlen sich zwar getrennt von der Welt und doch verbunden mit allen Menschen. Sie sind sich bewusst, dass man als Mönch nicht geboren wird, sondern erst durch einen langen, steinigen Weg der Formung und Bildung und mit Hilfe eines erfahrenen geistlichen „Bergführers" zu den letzten Höhen gelangt. Nur ein überheblicher, arroganter Mensch würde einen solchen Führer zurückweisen und damit zum fatalen Absturz verurteilt sein.

Diese Männer wollen nichts anders als Nomaden Gottes sein, Pilger in einer vergänglichen Welt. So erkennt der große Wüstenvater Antonius seine Berufung in den Worten: „Wenn du vollkommen sein willst, geh, verkaufe deinen Besitz und gib das Geld den Armen; so wirst du einen bleibenden Schatz im Himmel haben; dann komm und folge mir nach!" (Matthäus 19,21)

Gegenüber einer Welt, die sich selbst für klug und weise hält, verkünden diese Mönche durch ihr Sosein ihre grenzenlose Liebe zu dem gekreuzigten Messias. Weit entfernt von den Idolen der Macht und des Geldes erfahren sie die absolute Freiheit von allen irdischen Fesseln. Deshalb sind sie in der Lage, mit einer interesselosen Liebe und ohne Hintergedanken den Menschen vorbehaltlos zu begegnen.

Diese Haltung spiegelt eine Geschichte wider, die man sich heute noch in den Klöstern der Wüste Juda erzählt:

> Vor langer Zeit lebte dort ein heiliger Mann. Er war so gut, dass selbst die Engel darüber staunten. Dabei ging er ganz einfach seinen täglichen Pflichten nach. Er strahlte jedoch eine Liebe aus, so wie ein Stern Licht verbreitet oder eine Blume Duft von sich gibt. Mit zwei Worten ließ sich sein Tagewerk zusammenfassen: Er gab und vergab. Dennoch kamen diese Worte nie über seine Lippen. Sie drückten sich vielmehr in dem bereitwilligen Lächeln seiner Freundlichkeit, seiner Liebe und seinem

guten Willen aus. Die Engel sprachen zu Gott: „Herr, gewähre ihm einen Wunsch!"
Gott antwortete: „Einverstanden. Fragt ihn, was er sich wünscht."
„Was wünschst du dir?", fragten die Engel.
„Was soll ich mir wünschen?", antwortete der Heilige lächelnd. „Da Gott mir seine Gnade erweist, sollte ich damit nicht bereits alles haben?"
Die Engel bestanden hartnäckig auf ihrem Vorhaben: „Du musst um ein Wunder bitten oder es wird dir eines aufgezwungen."
„Nun gut", überlegte der Heilige. „Dann soll mein Wunsch sein, dass ich viel Gutes tue, ohne mir dessen bewusst zu sein."
Die Engel reagierten über diesen Wunsch sehr verblüfft. Sie berieten sich miteinander und fassten den folgenden Plan: Jedes Mal, wenn der Schatten des Heiligen so fällt, dass er ihn nicht sehen kann – hinter ihn oder auf die Seite – soll er die Macht haben, Krankheiten zu heilen, Schmerzen zu lindern und Kummer zu vertreiben.
So geschah es. Wo immer der Heilige wandelte, machte sein Schatten die Felder grün, brachte er verdorrte Pflanzen zum Blühen, ließ er versiegte Quellen sprudeln, verlieh er blassen Kindergesichtern Farbe und brachte unglücklichen Müttern Freude. Der Heilige lebte nur sein tägliches Leben und strahlte dabei Liebe aus, ohne sich dessen bewusst zu werden. Die Menschen respektierten seine Demut und folgten ihm still. Niemand sprach von seinen Wundern. Nach und nach vergaßen sie sogar seinen Namen und nannten ihn nur noch den Heiligen.

Die Wüstenmönche legen großen Wert darauf, ihr tägliches Brot mit dem Schweiß ihres Angesichts zu verdienen. Sie wollen den täglichen Kampf ums Dasein mit allen Menschen teilen. Deshalb sind sie weder bereit für sich zu betteln noch Almosen anzu-

Die Heilige Schrift leitete die Wüstenmönche. Sie lernten oft ganze Bücher auswendig, um sie in der Meditation Wort für Wort, Vers für Vers „wiederzukauen".

nehmen. Diese Loslösung von allen irdischen Dingen geht so weit, dass eines Tages ein Wüstenvater Räubern behilflich ist, als diese die wenigen Habseligkeiten seiner Grotte in ihrem großen Sack verschwinden lassen. „Beeilt euch!", ruft er ihnen zu; „denn, wenn meine Brüder zurückkommen, hindern sie mich vielleicht daran, das Gebot des Herrn zu erfüllen, der doch gesagt hat: „Wenn dir jemand etwas wegnimmt, verlange es nicht zurück!" (Lukas 6,30)

Für den Mönch in der Wüste ist der einzige Kompass, der ihm die Richtung angibt, die Heilige Schrift. So werden die Worte der Bibel zu seiner täglichen Nahrung. Durch den vertrauten Umgang damit atmet er den Geist Gottes, der gleichsam bei ihm Wohnung nimmt. Treffend formuliert es einer von ihnen so: „Wer die Schrift nicht kennt, kennt Christus nicht. Das Wort Gottes musst du lesen, hören, meditieren, als Speise in dich aufnehmen. Damit es Fleisch von deinem Fleisch wird. Wie ein glühendes Eisen in der Feueresse des Schmiedes musst du umgeschmiedet werden zum biblischen Menschen."

Beten heißt für den Wüstenmönch, sich vom Feuer des Wortes Gottes anheizen zu lassen, bis er selbst Feuer wird. Ob in der Einsamkeit, im Schweigen, im wachen oder schlafenden Zustand, in den Mühen des täglichen Lebens, in jeder Situation hat er gelernt, konform mit seinem Herrn zu sein. Wohin er auch geht, vollbringt er das Werk Gottes.

Je mehr sich der Mönch Gott nähert, umso mehr erkennt er im Spiegel des Gebetes seine eigene Armseligkeit und die Notwendigkeit der barmherzigen Liebe seines Schöpfers. Deshalb ist er nicht mehr wie früher auf der Flucht vor sich selbst, indem er Zerstreuung sucht und sich dabei noch mehr entfremdet. Durch das Wort Gottes gestärkt, beginnt er, tiefer den Grund seiner Seele auszuleuchten, um die versteckten Leidenschaften zu erkennen und zu überwinden.

Der Wüstenmönch lebt zwar in der Einsamkeit, aber er ist nicht isoliert vom Rest der Welt. Gerade in der Zweisamkeit mit seinem Herrn trägt er am eigenen Leib die Schwächen und Nöte seiner Mitbrüder, ja die der ganzen Menschheit. Dieser ständige, innere Kampf mit der ganz persönlichen Korruptheit seines Herzens macht ihn weit für seinen Mitmenschen und vergrößert seine Liebeskapazität in der unendlichen Dynamik des dreifaltigen Gottes. Deshalb scheut er sich nicht, zuweilen die Wüste zu verlassen und in der Stadt sich unter die Leute zu mischen: mitten unter die Diebe und Gauner, selbst unter Prostituierte und Betrunkene; denn wie eine Biene ihren Honig hinterlässt, so verbreitet der Mann Gottes die Atmosphäre einer göttlichen Präsenz.

Ein Wüstenmönch ist in Kontakt mit anderen;
hier besucht er den Markt.

Diese heiligen Männer leben aus einem starken Bewusstsein heraus: Am Abend unseres Lebens werden wir einzig nach dem Maß unserer Liebe gerichtet. Deswegen kämpfen sie gegen alles an, was diese Liebe zu Gott und zum Mitmenschen aus ihrem Herzen reißen möchte.

Der weise Irenäus mahnt einen jungen Mönchsanwärter: „Merke dir eines, mein Sohn! Man kann viel beten und trotzdem nicht beten. Nämlich dann, wenn das Leben nicht mit den Werken übereinstimmt. Wie das Evangelium sagt, wird man den wahren Mönch an seinen Früchten erkennen (vgl. Matthäus 7,20). Nichts ist schlimmer, als wenn ein Einsiedler meint, sein Verdienst bestünde darin, das härene Gewand zu tragen und ‚Herr, Herr' zu rufen. Es ist besser, im Schweigen zu existieren, als im Reden nicht zu existieren."

Einem jungen Mönch, der sich mit dem Gebet schwer tut, rät sein geistlicher Führer: „Versuche nicht, den Weisen mit wohl klingenden Gebetsformulierungen zu spielen. Das Lallen aus Kindermund ehrt den Vater mehr im Himmel. Mache dir keine Sorgen, als müsstest du viele Worte machen! Ein Wort allein hat den rechten Schächer am Kreuz gerettet. Die Zusammenfassung aller deiner Gebete soll in dem einen Aufschrei *Kyrie eleison* oder in der Wiederholung des einzigartigen Namens Jesus gipfeln. Damit rufst du die Barmherzigkeit Gottes nicht nur auf dich, sondern auf alle Geschöpfe herab."

Erleuchtet von der inneren Kraft des Heiligen Geistes übernimmt der Eremit für viele Menschen eine geistliche Vaterschaft. Obwohl er sich in die Einöde zurückgezogen hat, kommen viele zu ihm und bitten um Rat und Tat: Durchreisende, Pilger, Heilige, Sünder, Arme, Reiche und Mächtige. Der Mönchsvater Mar Saba scheut sich nicht, als die Menschen bei ihm über die hohen kaiserlichen Abgaben ihr Leid klagen, seine Laura zu verlassen und sich auf den Weg nach Konstantinopel zu machen. Dort erreicht er tatsächlich vor dem weltlichen Oberhaupt eine Lockerung der Steuerschraube.

Der durchlöcherte Sack des Wüstenvaters Moses

Einen sehr ungewöhnlichen Lebenslauf hatte Abbas Moses. Er war Äthiopier. Als Sklave kam er nach Ägypten. Mit seiner Gewalttätigkeit richtete er viel Unheil an. Schließlich gelangte er zur Freiheit und wurde Hauptmann einer Räuberbande, die ganze Landstriche terrorisierte. Irgendwann landete er auf seinen Raubzügen in einem Kloster. Die Begegnung mit den Mönchen veränderte sein Leben. Er bekehrte sich, ließ sich taufen und lernte schließlich das harte Leben eines Wüstenmönches. Moses wurde zu einem angesehenen Lehrer des Lebens in der Wüste in der Nachfolge des Herrn und zählt zu den Wüstenvätern.
Man erzählt sich von ihm folgende Geschichte:
Ein Bruder war gefallen. Die Mönche schickten ihn zu Abbas Moses, damit er ihn zurechtweise. Abbas Moses nahm einen durchlöcherten Sack und füllte ihn mit Sand. Dann lud er ihn auf seine Schultern. Die Brüder fragten ihn. „Was tust du da, Vater?" Da entgegnete er ihnen: „Das sind meine Sünden. Hinter mir rinnen sie heraus und ich sehe sie nicht. Nun soll ich fremde Sünden richten."
Als die Mönche das vernahmen, hörten sie auf, ihren Mitbruder zu kritisieren und verziehen ihm.

OFFENE KAMPFANSAGE

Für diese Männer bedeutet ihr Rückzug in die Wüste ein permanentes Martyrium. Sie wollen arm sein bis zur äußersten Entbehrung. In der Treue zur eigenen, ehelosen Berufung und im Durchhalten ihrer begonnenen Jüngerschaft. Auch wenn dieser Ruf tausende Male von inneren und äußeren Prüfungen in Frage gestellt wird. Ihre schrecklichste Anfechtung ist die Mutlosigkeit und Niedergeschlagenheit, die sie zuweilen in der Einöde überfällt. Zum Beispiel dann, wenn an heißen Sommertagen die Mittagssonne unbarmherzig niederknallt. Wenn Leib und Seele auszudörren drohen.

Dann kann der Mönch von einer zermalmenden Frustration und Gottverlassenheit zu Boden geschmettert werden. Eine tödliche Langeweile will jeden Funken Leben in ihm auslöschen. Er fühlt sich auf schreckliche Weise von Gott und der Welt verlassen. Nur noch seinem eigenen, zerbrechlichen Ich ausgeliefert. Unfähig zu jeglicher mitmenschlichen Beziehung. Wie ein Schlafwandler geht er umher. Erfasst von einer metaphysischen Lebensangst. Einer Angst, die lähmt und blind macht gegenüber jedem positiven Lichtblick. Das menschliche Sein scheint jeglichen Sinnes entleert. Der Ruf Gottes möchte wie eine Seifenblase zerplatzen, erscheint wie die Illusion eines Jugendtraumes. In solchen Situationen erlebt der Mönch die wahre Bedeutung seines frei gewählten Martyriums. Er weiß, da gibt es nur noch die Flucht nach vorn. Er muss ankämpfen gegen diesen Geist der absoluten Passivität. Er beginnt, den Dämon der Traurigkeit zu verlachen und zu verhöhnen. Das ist der Augenblick, in dem er sich jenseits aller Verzweiflungen Gott in die Arme wirft. Im

Aufgrund ihres Rückzuges in die Einöde, die sie in großem Maß mit sich selbst konfrontiert, werden Wüstenmönche von Mutlosigkeit, Niedergeschlagenheit bzw. inneren Kämpfen heimgesucht.

blinden Vertrauen wagt er den Sprung in den Abgrund. Ohne Sicherheitsnetz. Aber in der Glaubenszuversicht, dass er nur in die barmherzigen Arme des himmlischen Vaters fallen kann. Dabei erinnert er sich an die schrecklichen Prüfungen eines Hiob. Auch dieser glaubte immer noch an das Eingreifen seines Gottes mit einer fast übermenschlichen Überzeugung: „Der Herr hat gegeben, der Herr hat genommen; gelobt sei der Name des Herrn!" (Ijob 1,21)

Gebet nach Psalm 23

Herr, du bist mein Beschützer, nichts wird mir fehlen.
Du lässt mich die wahren Güter des Lebens erkennen.
Du nimmst mich an der Hand und stillst mein Verlangen nach Erfüllung mit lebendigem Wasser.
Du durchflutest mein ganzes Wesen mit überfließender Freude.
Du zeigst mir auf der Straße des Lebens die richtigen Verkehrszeichen, die zu dir hinführen.
Führt mein Weg auch durch Durststrecken und dunkle Wüstenschluchten, kein Schicksalsschlag kann mich ängstigen.
Weil ich dich immer an meiner Seite weiß.
Deine schützende Hand gibt mir absolute Zuversicht.
Obwohl ich manchmal von Menschen voller Neid und Missgunst bedrängt werde, beschämst du sie, indem du mich mit deinen guten Gaben überhäufst.
Deine Güte und Barmherzigkeit werden mich das ganze Leben begleiten. Deine Gegenwart ist wie ein Haus, in dem ich allzeit wohnen darf.

(Karl-Heinz Fleckenstein)

III. TEIL:
DIE HERAUSFORDERUNG DER GEOLOGISCHEN WÜSTE

DIE WÜSTE – EINE OFFENE FRONT

Nur wenn du die Wüste Juda, den Negev oder den Sinai ein Stück persönlich durchschritten hast, vermagst du das Ausmaß und die Bedeutung dieser verlassenen, ausgedorrten, wasserlosen Gegenden zu ermessen.

Du hast die Sklaverei der Betonwüste mit ihren Wohnsilos hinter dir gelassen. Du willst nicht mehr länger gefangen sein im Kerker der stickigen Städte. Hier in der Wüste erhoffst du dir ein Licht übernatürlicher Klarheit, eine Freude, von der die Last deiner schwerfälligen Körperlichkeit abfällt.

Vor dir liegen die immer gleichen steinigen Hügel, die immer eintönigen sandigen Dünen. Auch nach stundenlanger Wan-

Es gibt eine Sehnsucht im Menschen, nicht funktionalisiert zu werden, nichts anderes zu sein, als er selbst. Die Wüste bietet Gelegenheit, diese Erfahrungen zu machen.

Die Wüste bringt bizarre Formen aus Stein und Sand hervor.

derung hast du den Eindruck, kaum vorangekommen zu sein. Die Zeit scheint stillzustehen. Das Gestern, Heute und Morgen verlieren ihre Bedeutung. Das Auge blickt in das Gleichmaß der Zeitlosigkeit. Du wirst hellhörig für die Stille. Du hörst nur noch das leise Wehen des Windes, die fast unmerklichen Bewegungen des Sandes. In diesem ernsten Schweigen berührt die Nacht den endlosen Horizont.

Zerklüftete Felsmassen. Stumm. Riesenhaft. Eine hoffnungslose Einsamkeit, in der die unbarmherzige Sonne flimmert. Die Heimat der Starken. Durchwebt von Gottesnähe. Als wolle der Unermessliche hier verstummen, um seine Stimme umso vernehmlicher zu machen. Diese unendliche Stille ist wie aus Kristall. Das Schweigen ist ihre Sprache.

Die geologische Wüste ist der Raum, in dem du als Mensch auf dein eigenes Unvermögen, auf deine Ohnmacht und Hilflosigkeit geworfen bist. Du erlebst diese Einöde zur gleichen Zeit als schrecklich und faszinierend. Mit ihren bizarren Formen aus Stein und Sand bietet sie dir geradezu herausfordernd und jähzornig die Stirn.

Wenn du die Wüste suchst, so bedeutet es noch nicht selbstverständlich, dass du dort einen Schutz findest. Die Wüste bleibt immer eine offene Front. In ihrer weiten Endlosigkeit wird sie gleichzeitig zu einer sanften Verführerin. Du ahnst etwas vom ersten Schöpfungstag. Plötzlich wird dir das Unfassbare des Lebens deutlich. Deine Seele beginnt Wurzeln zu schlagen. Ein Gefühl der Dankbarkeit überkommt dich, gepaart mit Ehrfurcht und Respekt vor dem Leben.

Wie viele Menschen, ja ganze Völker, sind durch diese Wildnis voller Geheimnisse gezogen?

DIE OASE – ZEICHEN DER HOFFNUNG

Überall findest du in der Wüste Spuren des Todes. Gelbe Sandstürme fegen über ausgebleichte Gerippe von Schafen, Ziegen oder Kamelen. Autowracks weisen darauf hin, dass so mancher seinen Weg abbrechen musste. Ob er sein Ziel erreicht hat, weiß nur der Wind.

Und doch liegt eine fast magische Anziehungskraft über dieser wilden Landschaft mit ihren Dornen, Disteln, Schlangen, Skorpionen. Wie viele Menschen, ja ganze Völker sind durch diese Wildnis voller düsterer Geheimnisse gezogen? Römische Legionäre, Pilger, Abenteurer, Handelsleute. Ihre Fußspuren im Sand sind längst verweht. Und doch auf bizarren, eigenwillig geformten Felswänden in steil abstürzenden Schluchten kannst du heute noch im Sinai nach vielen Jahrhunderten ihre unbeholfenen Nachrichten erkennen. Versteinerte Tropfen im Stundenglas der Vergangenheit.

Nicht immer erlebst du diesen unwiderstehlichen Zauber der Wüste. Vor allem dann, wenn die eisige Kälte endloser Nächte dir bis ins Knochenmark dringt. Wenn ein heftiger Sturm den Sand aufwirbelt und in den tief geschnittenen Schluchten und engen Wadis der Wind seine sphärenhafte Musik erzeugt, die du dein Leben lang nicht mehr vergessen wirst. Wenn du dir Sorge machen musst, ob das Wasser im Schlauch noch ausreicht. Wenn du nicht weißt, wie du dich am besten gegen die sengende, unmenschliche Wut der Mittagshitze schützen kannst.

Auf Felswänden haben Menschen vor vielen Jahrhunderten Nachrichten hinterlassen.

Die senkrecht stehende Sonne frisst jeden Schatten auf. Ihr bleierner Schleier macht dich unfähig zum Denken und Handeln. Jede Bewegung kostet dich eine unendliche Kraft. Die Luft scheint sich zu heißem Gas zu verflüchtigen. Der Sand röstet deine Schuhsohlen. Noch wenige Stunden Fußmarsch, und du wirst in lahmender Erschöpfung zusammenbrechen. Dein Körper ist wie ausgedorrt. Wirst du noch die Nacht erleben?

Niemand kann deiner Spur folgen. Weil sie nicht mehr existiert. Die Zeit hat keine Bedeutung mehr. Du stehst an der Schwelle zur Ewigkeit. Und dann! Zuerst denkst du, es könnte eine Fata Morgana sein. Da tauchen plötzlich ein paar spärliche Pflanzen auf. Das winzige Grün wird zum Zeichen der Hoffnung. Ein Grasbüschel sagt dir, dass dort Wasser sein muss. Zeichen des Lebens, das den Tod überwindet. Dann liegt sie vor dir: Eine Oase. Pflanzen mit fleischigen Früchten, Palmen. Wie ein Wun-

Glühender Sand, sengende Sonne und der ausgedorrte Körper machen zu schaffen. Dann tauchen plötzlich karge Pflanzen auf. Anzeichen, die auf Wasser schließen lassen.

der. Zeichen des Überlebens. Beweis dafür, dass man auch mit wenigem auskommen kann. An solch einem Ort scheint sich die Verheißung der ganzen Schöpfung zu konzentrieren. Deine hohlen Handflächen nehmen dankbar das Geschenk des Wassers auf.

Der französische Pilot, Dichter und Philosoph Antoine de Saint-Exupéry beschreibt das *Fascinosum* und *Tremendum*, das Unbegreifliche und zugleich Faszinierende der Wüste so: „Ich war verloren in der Wüste und furchtbar bedroht. Nackt zwischen Sand und Sternen. Fern von meinem Leben. Einem Übermaß von Stille ausgeliefert. Hier besaß ich gar nichts. Ich war nichts als ein armer Verirrter, der wohlig fühlte, dass er atmete. Und dennoch durfte ich entdecken, wie reich an Träumen ich war. Sie kamen zu mir, lautlos wie das Wasser einer Quelle. Zunächst wusste ich mir das Glücksgefühl gar nicht recht zu deuten, das mich durchdrang. Keine Stimme war zu hören, keine Gestalt zu sehen. Doch fühlte ich, dass etwas bei mir war, eine nahe und schon fast erkannte Freundschaft. Plötzlich wusste ich, was es war. Ich gab mich mit geschlossenen Augen dem Zauber meiner Erinnerung hin. Aller dieser Zeichen hatte ich bedurft, damit ich erkannte, wie viel mir hier in der Wüste fehlte. Ich ahnte ihr Wesen und den Sinn dieser Stille, dieses tausendfachen Schweigens, in dem selbst die Frösche verstummten."

Ein Wasserkanal im Wadi Qelt

BEGEGNUNG MIT DEN WÜSTENSÖHNEN

Nach Tagen unendlichen Schweigens sehnst du dich nach menschlicher Nähe. Endlich taucht ein Beduinenzelt auf. Man lädt dich ein. Gewährt dir Gastfreundschaft. Du trinkst mit den Wüstensöhnen heißen, stark gesüßten Tee. Gewürzblätter schwimmen darin. Vielleicht erzählen sie dir von Mohammed, dem „Befreier Arabiens" von dem Götzendienst der Sterngöttin. Mohammed gilt als ihr Freund und Bruder. In allen Dingen des Lebens steht er ihnen nahe. Weil er einer von ihnen ist. Er wollte nie ein Heiliger sein. Ein Araber, wie sie alle. Und doch – der erwählte Bote Gottes. Du erfährst, dass Mose ihnen mit gewaltiger Erhabenheit das unerbittliche Gesetz eines harten und gestrengen Gottes gegeben hat. In solchen langen Nächten unter dem flimmernden Sternenzelt berührst du lauschend die Seele der Wüstensöhne. Sie erzählen dir von dem Erhabensten: Von Jesus, den sie *Issa* nennen, dem großen Überwinder, dem Sieghaften, dem Geweihten, der zur Rechten Allahs weilen darf. Weil er das Abenteuer des Menschseins siegreich überwand. Die Vergangenheit wird zur Gegenwart. Issa ist es, der immer wieder aus dem Frieden Allahs zurückkehrt, um den Kindern der Wüste beizustehen.

Beduine Tolbe mit seiner Mutter

„Wir waren in der Wüste unterwegs und mussten uns lagern, weil ein Sandsturm, der Asfeh, heraufzog. Beängstigend wie immer mit seinem seltsamen Pfeifen und der plötzlichen Dunkelheit. Die Kamele lagen im Sand. Wir deckten die Burnusse über sie und uns, Schutz hinter ihnen suchend. Der Karawanenführer hatte seinen kleinen Sohn mitgenommen. Der Knabe begann zu klagen. Er fürchtete sich sehr. Der Vater hob ein wenig die Hülle, die sie beide zudeckte. Er hielt Ausschau. Plötzlich sah er in dem finsteren Wolkengewirr eine kleine helle Stelle. ‚Sieh nur hin, mein Sohn! Blicke dort oben hin! Siehst du das Helle dort? Das ist der Glanz von Issas Hand. Soll man bangen, wenn Issas Hand zu erblicken ist?' Der Kleine sagte beruhigt und glücklich: ‚Wenn Issa bei uns ist, dann ist alles gut', und schlüpfte zufrieden wieder unter den Burnus."

Issa bleibt für die Beduinen die lachende Liebe, die leuchtende, die nie versiegende Kraft. Die man nicht sehen, nur fühlen kann. Sie hören auf seine Stimme. Und in zärtlicher Ehrfurcht sprechen sie seinen Namen aus: „Issa! Lasst euer Herz ihn rufen! Nicht eure Zunge! Er hört es besser, euer Herz!"

DIE WÜSTE SETZT NEUE MASSSTÄBE

Die Wüste wird in ihrer Grenzenlosigkeit und unermesslichen Weite für dich zu einem neuen Maßstab. In der Erfahrung des Unbegrenzten siehst du deine eigene Begrenztheit in einem neuen Licht. Du wirst dir bewusst, dass viele „maßgebende" Menschen zuvor in das weite Meer der Wüste eingetaucht sind, um das Endliche im Licht des Unendlichen neu zu verstehen: Mose, Elija, Jesus, Paulus, Mohammed … In der Tat waren es im Laufe der Geschichte immer die Einsamen, die aus der Wüste kamen, die die verkrustete Kirche aufbrachen und neue Impulse in die etablierte Menschheit brachten. Antonius, der Einsiedler, kam aus der

In der unermesslichen Weite der Wüste kann der Mensch die eigene Begrenztheit in einem neuen Licht sehen.

Wüste Ägyptens. Massenweise strömen die Leute zu ihm hin, weil „er sie in tiefe Geheimnisse einweihte und gotterfüllt war".

Benedikt, der „Vater des Abendlandes" zog sich in die raue Gebirgswelt der Abruzzen zurück, wo ihn der „Ruf der Wüste" ereilte.

In der Einsamkeit der Carceri und des Verna-Berges erlebte Franziskus seine Wüstenstunden.

Die Spiritualität eines Charles de Foucauld entwickelte sich inmitten der Sanddünen der Sahara: „In die Wüste muss man gehen und darin verweilen. Dort wird man leer. Man weist alles aus sich heraus, was nicht Gott ist. Jeder, der Frucht bringen will, muss notwendigerweise durch die Zeit der Wüste gehen. Er braucht dieses Schweigen, diese Sammlung, dieses Vergessen alles Geschaffenen. In einem solchen Zustand richtet Gott sein Reich in ihm auf; denn man kann nur geben, was man hat."

Das Gebet in der Wüste ist für Carlo Caretto das schönste Geschenk der Sahara: „Ich lebte in Hoggar in einer Fraternität der Kleinen Brüder von Charles de Foucauld. Mein Brot verdiente ich mir als Meteorologe auf den Pisten von Tit, Tazrouk, An Amguel. Die Arbeit gefiel mir sehr, weil sie mir außer dem Lebensunterhalt die Möglichkeit gab, in der Umgebung zu leben, die ich gesucht hatte: die Wüste, und weil sie es mir erlaubte, die tägliche Mühe mit langem Schweigen und Beten zu verbinden. Ich erinnere mich, wie wenn es heute wäre: Ich fühlte Maria, die Mutter Jesu, ganz nahe bei mir im Sand kauern. Klein, schwach, hilflos in ihrer wunderbaren und doch so unverkennbar wirklichen Schwangerschaft. Ich löschte die Kerze. In dieser dunklen Nacht sah ich keine Sterne. Ich sah ringsum viele Augen glitzern wie die Augen der Schakale, wenn sie es auf die Lämmer abgesehen haben.

Erfahrungen der Stille, der Ruhe und des Schweigens

Es waren die Augen der Bewohner von Nazaret, die das Mädchen belauerten, das ein Kind im Schoß trug, und es mit der ganzen Wucht des Argwohns, zu dem die Menschen fähig sind, ausfragten: ‚Wie bist du zu dem Kind gekommen, du unanständiges Ding?'

Was für eine Nacht! Was soll ich antworten? Dass Gott der Vater dieses Kleinen sei? Ich sage nichts. Gott weiß. Gott sorgt.

Arme Maria, kleine mädchenhafte Mutter. Du fängst deinen Weg schlimm an! Wie willst du mit so vielen Feinden fertig werden? Wer wird dir glauben? An jenem Abend fühlte ich zum ersten Mal, dass ich dem Geheimnis Marias näher kam. Zum ersten Mal sah ich sie nicht auf dem Altar als eine unbewegliche Statue aus Wachs, im Putz und Staat einer Königin. Ich sah die Schwester, sah sie neben mir im Sand der Welt sitzen. Mit abgetragenen

Sandalen wie meine und mit so viel Müdigkeit in den Gliedern. Ich hatte einen lebendigen Kontakt mit ihr bekommen. Sie war nicht mehr eine Gestalt, der ich untertänige Verehrung schuldig war. Sie war die Schwester meines Herzens, die Reisegefährtin, die Lehrerin meines Glaubens."

BEGEGNUNG MIT DEN WÜSTENVÄTERN HEUTE

Vielleicht hast du die Entscheidung getroffen, als Heilig-Land-Pilger einmal die Herausforderung der Wüste Juda auf dich zu nehmen. In diesen öden Schluchten scheint der Tod zu herrschen. Die porösen Kalksteine saugen jeden Tropfen Wasser in sich auf. Selbst nach dem stärksten Regen erstarrt bald alles wieder zur Trockenheit. Nicht einmal Mücken gibt es hier. Unbarmherzig knallt die Sonne auf die kahlen Steine. An den senkrecht aufragenden Felswänden fallen dir Höhlen auf. Manche von Menschenhand herausgeschlagen. Andere haben sich von selbst durch den nagenden Zahn der Zeit gebildet. Die meisten sind nur auf schwindelerregenden Pfaden erreichbar. Sie sagen dir, dass vor vielen Jahrhunderten hier christliche Einsiedler lebten. Lebendige und Tote in der gleichen Behausung; denn sobald der jeweilige Vorgänger starb, bestattete ihn sein Nachfolger im hinteren Teil der Grotte.

Du entscheidest dich für einen Aufstieg zu dem auf halber Höhe liegenden Kloster Quarantal. Bis heute hüten dort griechische Mönche das Andenken an den biblischen Ort der Versuchung

Die Pforte des Klosters Quarantal: Mit ihrer Öffnung ist die Einladung verbunden, sich an einem ruhigen Ort auszurasten.

Jesu. Du spürst einen quälenden Durst in dieser sommerlichen Gluthölle. Plötzlich bricht vom Südosten her aus der Arabischen Wüste der befürchtete, heiße „Gelbe Wind" los. Über dem Jordantal liegen rotbraune Sandwolken. Unzählige Wirbel treiben die Sandmassen senkrecht in die Höhe. In den steilen Schluchten des Bergmassivs heult und pfeift der Sturm sein unheimliches Lied. Die staubgeschwängerte Luft erschwert dir den Atem. Endlich stehst du erschöpft vor dem kleinen Eingang des „Versuchungsklosters". Ein Eremit öffnet dir die Pforte. Er streckt dir beide Hände entgegen. Lädt dich ein, du mögest dich im Frieden des Klosters ein wenig ausruhen. Gott sei Dank! Vor Müdigkeit fallen dir die bleiernen Augenlider zu. Bis dich der Chorgesang der Mönche weckt. Draußen tobt immer noch der heiße Sturm. Treibt die hochgewirbelten Sandmassen gegen die Bergwände.

Nach einer bescheidenen Stärkung führt dich der Prior in die Klosterkapelle.

Dort zeigt er dir den Stein, auf dem Jesus während der Versuchung in der Wüste gesessen haben soll. Du schlägst das vergilbte Pilgerbuch auf. Schreibst dir die Erfahrung der letzten Stunden von der Seele: „Nirgends kann man die Nähe des Schöpfers stärker erleben als in der Wüste. Sie ist stiller und aufgewühlter als das Meer. In der Wüste begegnest du dem Tod deines eigenen Nichts."

Am nächsten Tag erreichst du das zerklüftete, düstere Kidrontal. Umgeben von einer schauerlichen Einöde. Es zieht sich durch die Judäische Wüste hin bis zum Toten Meer. Eine wildschöne Gegend, hervorstarrende Steinbänke, zerrissene Felsblöcke. Hingeschleudert wie von Titanenhand. Massige, kraterhafte Vertiefungen. Mit Sandseen ausgefüllt. Bald tauchen zwei mächtige Festungstürme vor dir auf. Zeichen dafür, dass hier immer

In der Klosterkapelle von Quarantal befindet sich ein Stein, auf dem Jesus während der Versuchung in der Wüste gesessen haben soll.

noch Menschen leben. Als Weltflüchtige haben sie um der Freiheit willen die Wüste zu ihrer Wohnstätte gemacht. Die Mönche des Eremitenklosters Mar Saba. Diese Männer wenden gegen sich selbst Gewalt an, um nicht irdische Schätze, sondern das Himmelreich an sich zu reißen. In Fels geschlagene Zellen sind ihre Behausungen. Die Einsamkeit der Wüste ist ihre Lehrmeisterin. Wie ein Nest am Felsen klebend hängt das Kloster in 180 Meter Höhe über einer tief abfallenden Schlucht. Durch ausgetretene Stufen gelangst du hinab in den Klosterhof. Treppauf treppab führt dich ein Mönch über Stege und Gänge zu einer Höhle. Dein ganzer Körper glüht in der brennenden Sonnenhitze. Dankbar schlürfst du einen Schluck kühlen Wassers aus der Klosterzisterne.

Die ganze Anlage wirkt wie eine eigenwillige Verbindung von Kloster und Festung, von Einsiedlerdasein und gemeinschaftlichem Zusammenleben. Auf dem gepflasterten Klosterhof gruppieren sich drei Heiligtümer. In der Mitte die oktagonale Grabkapelle des heiligen Sabas. „Allerdings haben die Kreuzfahrer seine Gebeine nach Venedig verschleppt", erklärt dir ein Mönch mit einem bedauerlichen Achselzucken. „Mar Saba war der Schüler und Nachfolger des heiligen Euthymius, der eigentlich dieses Kloster gegründet hatte."

Gleich daneben schließt sich die zur Hälfte in den Fels eingeschobene Gedächtnisstätte des heiligen Nikolaus an. Der Ort dient auch als Totenkapelle. In einer Nische liegen die Schädel vieler Märtyrer. Beim Perseransturm des Jahres 614 wurden sie ermordet, als die wilden Horden das Kloster plünderten.

Zum Kidrontal hin erreichst du die eigentliche Klosterkirche. Auf der Südseite der Anlage wirst du auf jene Grotte aufmerksam, die Mar Saba als Wohnung gedient hatte. Die Mönche erzählen dazu eine seltsame Geschichte: „Als der Heilige eines Tages dort zurückkehrte, fand er einen Löwen in der Höhle. Ohne sich um die Bestie zu kümmern, verrichtete der Wüstenvater wie immer seine Gebete. Dann schlief er ein. Als der Löwe ihn plötzlich mit seinen scharfen Zähnen packen und hinausschleppen wollte, blickte ihm Mar Saba streng und fest in die Augen. Mit einer entschiedenen Geste verwies er dem wilden Tier einen Lagerplatz im hinteren Teil der Grotte. Von jener Stunde an ist der Löwe nie wieder von seiner Seite gewichen."

Natürlich versäumen es die Mönche nicht, dir mit einem gewissen Stolz jene Felsengrotte zu zeigen, in der der Kirchenlehrer Johannes Damaszenus seine „Quelle der Erkenntnis" schrieb. Mit diesem dogmatischen Werk hat dieser große Theologe der orientalischen Kirche ein Werk hinterlassen, das bis heute noch als Norm für ihre offizielle Glaubenslehre gilt.

In einem handgeschriebenen Liturgiebuch entdeckst du ein Gebet, in dem Damaszenus seine Seele offenbart: „Herr, lass uns dich in der Stille loben. Mache still unser Herz in der Not. Mache es auch still in der Stunde der letzten Not. Und wenn die Einsamkeit der Wüste uns umgibt, so lass das Loblied aus der Stille zu dir dringen. Wir haben hier nichts als unser Lied, das zu dir kommt als ein Gebet. Herr, nimm es an. Sei gnädig uns und lass unser Leben ein einziges Danklied werden!"

Gedankenverloren steigst du auf die Dachterrasse der Kirche. Das Zwitschern der Bergdohlen – die Mönche nennen sie die Saba-Amseln – stimmt in den Lobgesang des heiligen Damaszenus ein. Abend für Abend holen sie sich von dort ihr Futter aus den Händen der Mönche: Küchenabfälle, Rosinen, Brotkrumen …

Dicht am Talrand drängt sich zwischen den Felsen eine Palme hervor. Wie ein schützender Schirm breitet sie ihre Zweige und Blätter über den gähnenden Abgrund. Mar Saba soll sie noch selbst gepflanzt haben. Man sagt, sie trage Datteln ohne Kerne. Ihr schwankender Stamm ist mit Ketten an der Mauer befestigt.

Der Tag naht sich seinem Ende entgegen. Langsam senkt sich die blutrote Sonnenscheibe über die Berge Judas und wirft einen wehmütigen Verklärungsglanz über die Felsmassen. Eine feierliche Abendstille liegt über dieser einsamen Gegend, unterbrochen von den Glocken, die die Mönche zu der Abendandacht rufen.

Der Westwind trägt ihren Schall bis in die Mohabiterberge, jenseits des Toten Meeres. Langsam verblassen die purpurnen Farben am Himmel. Ein Stern nach dem anderen taucht aus dem dunklen Ozean des Firmaments. Wie ein ruhiges Silbermeer liegt die weite Wüste da. Die grauen Felsbrocken glänzen, als wären sie mit Perlen besetzt. Gespensterhaft werfen die Felsen ihre Schatten. Tiefes Schweigen umfängt die Erde. Du blickst hinab in die klaffende Erdspalte des Kidrontals.

Die Glocke ruft die Mönche zur Abendandacht.

103

Die Wüste ist der Ort, an dem neue Lebensquellen entdeckt werden.

Der jähe Abgrund unter dem Kloster öffnet sich wie ein Schlund und bahnt sich in scharfen Krümmungen mit seinen Höhlen und schluchtartigen Wänden durch die Wüste seinen Weg. Der Mond wirft seinen wallenden Mantel voll mit sanftem Glanz darüber. Er kühlt die heißen Wangen der Wüste und deckt ihre Armut und Blöße mit seinem mildgedämpften Lichtgewand zu. Die raue, abstoßende, zerrissene Welt wirkt auf einmal versöhnt und mit sich selbst ausgeglichen.

In einer solchen Nacht mag es dich vielleicht zu einer nächtlichen Wanderung durch das Kidrontal reizen. Nicht mehr wild und grauenhaft wirkt jetzt die mächtige Schlucht. In vielen Zackenlinien zerreißt sie den Berg wie einen riesigen Palast mit vielen Felsgemächern. Das leise Säuseln des Windes in der klaffenden Erdspalte erzählt dir von dem mächtigen „Herrn Kidron", der im Winterregen als brausende Sturzflut in Zackenlinien da-

herfährt und von seinem Palast und seinem Bett Besitz ergreift. Wilder Kriegslärm und betäubendes Festgetümmel durchtoben das ganze Tal. Es erzittern die Felswände. Die schlafende Wüste erwacht. Kidron erfasst die mannshohen Blöcke wie leichtes Spielzeug und wirft sie gegeneinander. Die Erde dröhnt, als wolle sie jeden Augenblick in Stücke zerbersten. Dann stürmt der allgewaltige Herr hinab zum Kloster und wirft seinen schäumenden Gischt an die Mauern. Weiter braust er dann, der mächtige Gebieter, bis er nach einem wilddurchtobten Leben dem Toten Meer verfällt und in dessen leblosem Schoß jäh erstirbt.

Du hast die Wüste als den Ort erlebt, an dem du dich neu für das Leben entscheiden konntest. Als Stätte des Umbruchs und des Neuanfangs. Du hast dich in sie hineingewagt. Jetzt kommst du als ein anderer Mensch aus ihr heraus. Du hast die Wüste durchstanden und damit dich selbst bestanden. Du hast das Menschsein ganz am Rand gelebt und erfahren. Du hast gelernt, was Nüchternheit und Gelassenheit bedeuten. Weil es in der Wüste keine Auswege und Ausflüchte gibt. Du bist auf das Wesentliche gestoßen und mit den letzten Fragen konfrontiert worden, denen man sonst so leicht ausweichen kann. In aller Offenheit hast du auf dein Leben zurückgeschaut und das Vergangene bewertet. Du hast erkannt, was für das Leben wirklich notwendig ist. Nach Stunden, Tagen kehrst du nun gelassen in die alte Welt zurück. Doch du bist nicht mehr der Alte. Du siehst, hörst, schmeckst alles anders als bisher. Du weist den Dingen des Lebens die rechte Ordnung zu. Du überbewertest sie nicht mehr. Du lässt dich nicht mehr so leicht aus der Fassung bringen. Weil dein Herz stark geworden ist. Und du entdeckst mit Erstaunen: Die Wüste ist viel näher, als du dachtest. Sie liegt in dir.

Nach der Begegnung mit der Wüste kannst du durch das Schweigen mehr sagen, als viele Sätze es vermögen; nämlich das, was wirklich zählt. Weil die Wüste das Leben freisetzt. Sie hat dich beschenkt mit Gelassenheit als die Frucht des Loslassens.

Im Alleinsein hast du die bedrückende Einsamkeit überwunden. Du fandest zu deiner eigenen Kraft zurück. Du konntest das Wesentliche bedenken.

Im Schweigen der Wüste bist du dem Geheimnis der Welt begegnet. Du warst allein mit dem Unendlichen, mit Gott. In der Wüste wurde die Leere zur Fülle. Du nahmst Abschied vom Luxus und Überfluss. Die Wüste zeigte dir, dass vieles, was die Menschen für unentbehrlich halten, tatsächlich entbehrlich ist.

In der Wüste schuf die äußerliche Einsamkeit in deinem Innern eine spirituelle Oase. Belebt wurde sie von einer unsichtbaren Wirklichkeit, die die enge Beziehung des Menschen mit seinem Schöpfer wieder herstellt und vollkommen macht. So wurden Wüste und Einsamkeit für dich zu Mittlern und Versöhnern. Du hast zu dir selbst gefunden und kannst jetzt dem Leben erneut die Stirn bieten.

IV. TEIL:
DIE WÜSTE LIEGT IN DIR

MENSCHWERDUNG ZWISCHEN DEN HOCHHÄUSERN EINER GROSSSTADT

Als moderner Mensch bist du dazu gezwungen, mit allen Sinnen so viel wie möglich in dich aufzunehmen. Du fühlst dich überfüttert an Nahrung, Bildern, Geräuschen, Ängsten, Eindrücken. Du bist umstellt von Wortgerümpel. Du rennst von einer Erfahrung zur anderen. Eingebunden in den täglichen Arbeitsprozess hast du ständig ein neues Ziel vor Augen, auf das du zuhastest. Eine Stimme übertönt die andere. Wer am Lautesten schreit, setzt sich durch. Du wirst von Zweifeln und Ängsten überfallen. Du fürchtest, in dieser Orientierungslosigkeit vom rechten Weg abzukommen. Du leidest an Erfolglosigkeit und Einsamkeit. Du

Wenn die Eindrücke, die Geräusche, die Ängste ... zu viel werden, wird es Zeit, sich in die „eigene Wüste" zu begeben.

In der bewusst gesuchten Einsamkeit, in der Sammlung und Kontemplation geschieht seelische Ausgeglichenheit und innere Ruhe.

reibst dich an den Mühen, Lasten und Versuchungen eines jeden Tages. Zweifel, das Gefühl der Ohnmacht und Resignation wollen dich überfallen. Deine Existenz scheint keine Zukunftschancen mehr zu bieten. Das Leben hat seinen Geschmack verloren. Niemand will dich verstehen. Alles erscheint leer und öde. Du kommst aus eigener Kraft nicht mehr durch. Du läufst Gefahr, in die ewige Tretmühle der täglichen Routine oder in oberflächliche Unterhaltung zu flüchten.

Sobald du darin zu ersticken drohst, wird es Zeit, dass du dich aufmachst, in deine Wüste zu gehen. Du verlässt das hektische Jetzt, beginnst in dein Inneres zu schauen. Die Geräusche des Tages fallen ab. Du schaust das Zerstreuende und Widersprüchliche deines Lebens wie in einem Spiegel. Durch bloßes Handeln, durch Leistung und Agieren war dein eigenes Ich verschüttet worden.

Gerade in solchen Augenblicken bietet dir diese innere Wüste eine Chance, das Ödland des eigenen Ichs als Angebot zu verstehen. In der bewusst gesuchten Einsamkeit, in der Sammlung und Kontemplation bindest du das Zerfließen im Stress mit dem Vielerlei des Alltags zu einer einenden Mitte. In der Meditation spürst du, wie du seelisch wieder gesund wirst, ausgeglichen, innerlich ruhig.

Nicht alles muss man wahrnehmen, dafür das Wenige intensiv.

Diese Wüste kannst du überall finden. In einer einsamen Waldkapelle oder in einer Kathedrale, in deinen vier Wänden oder in der freien Natur, während eines Einkehrtages oder geistlicher Exerzitien. Dort beginnst du zu verstehen: Wenn du ein guter Partner sein willst, musst du auch zum Alleinsein die Fähigkeit haben. Du musst es bei dir selbst aushalten können. Gerade in dieser Einsamkeit holst du dir neue Kraft, damit menschliche Begegnung gelingen kann. Durch Gelassenheit, Freude, Zuhören können, Begeisterung, Engagement.

In der Kargheit deiner Wüste kannst du notwendigerweise gar nicht so vieles in dich aufnehmen. Dafür erlebst du das Wenige intensiver. Du nimmst Dinge wahr, die dir vorher verborgen waren. Mit den Ohren, der Nase, den Händen, dem Kopf, mit dem ganzen Körper. Du schließt die Augen und spürst, wie der Wind dein Gesicht streichelt. In deinem Innern steigen Worte, Gedanken, Gefühle, Erinnerungen auf. Selbst das Anstößige, Fragwürdige verdrängst du nicht. Geduldig nimmst du auch die dunklen Seiten an dir an. Im Rhythmus des Herzschlags spürst du, wie allmählich Gelassenheit von dir Besitz ergreift. Du fügst dich in das Einatmen und Ausatmen, in Aufnehmen und Weggeben, in Tag und Nacht. Körper und Seele erleben eine Reinigung. Die tausend Tricks der Überlistung und Berauschung, die kleinen Fluchtwege im Alltag funktionieren nicht mehr. Die Stille konfrontiert dich mit dir selbst. Du stehst unwillkürlich vor der Frage, was dem Leben eigentlich Bestand verleiht. Das Verhärtete und Festgefahrene wird aufgebrochen: fixe Ideen, eingefahrene Gewohnheiten, tödliche Langeweile … Das wahre Leben bahnt sich seinen Weg wie ein Gänseblümchen, das im harten Asphalt eine Durchbruchstelle gefunden hat. In dieser deiner Wüste scherst du aus deiner Pantoffel-Bequemlichkeit aus.

Die Wüstenzeit lehrt den Blick auf die Zeichen des Kommenden. Auch die kärglichste Blume wird einmal blühen.

Du erfährst die Konfrontation mit dir selbst. Es geschieht Läuterung und Reifung. Auch wenn es nicht leicht ist. Du rennst nicht gleich von dir davon. Du stellst dich dieser Herausforderung der Wüstenzeit deines Lebens. Im Aushalten der Einsamkeit. In der Überwindung der Durststrecken. In der Neuorientierung angesichts einer endlosen, unübersehbaren Leere. In dieser Stille begegnest du dir selbst. Du richtest deine Aufmerksamkeit auf den Sinn des Lebens. Deine selbst geschaffene Wüste wird zum Angebot, dich zu verändern. Neue Gedanken und Verhaltensweisen entfalten sich. Schöpferische Kräfte, die schon lange in dir schlummerten, werden frei. Geistig und körperlich. Das Leben wird zum Aufbruch, zum Durchbruch. Die Straße durch deine Wüste zeichnet sich ab als eine Straße zum Leben.

Tiefere Schichten werden in deiner Seele angerührt. Sie eröffnen dir einen Lichtblick auf deinen Schöpfer hin. Du wirst dir

Die ganze Aufmerksamkeit wird nach innen gerichtet. Die tiefen Schichten der Seele eröffnen einen Lichtblick auf den Schöpfer hin. Neue Hinwendung zu ihm und zur Welt wird möglich.

bewusst, dass du letztlich nichts aus dir selbst hast. Nackt stehst du vor deinem Gott. Wie ein leeres Gefäß, das darauf wartet, gefüllt zu werden. Du wirst fähig, deine Hände auszustrecken und seine Liebe zu empfangen. Vor diesem Angewiesensein musst du nicht mehr die Augen verschließen. Weil es der Realität entspricht. Und die Wahrheit macht dich frei. Im Spiegel dieser Erkenntnis reißt du dir die Maske des Selbstbetrugs vom Gesicht. Du benötigst nicht mehr die ununterbrochene Selbstbestätigung der anderen, um deine menschliche Existenz zu verwirklichen. Die bisherigen Maßstäbe von Autonomie und Mündigkeit, von Leistung und Profit werden in ihrer Vorläufigkeit entlarvt.

Wenn du in solchen Stunden gelernt hast, deine eigene, menschliche Armut auszuhalten, beginnt die Wüste in dir zu sprechen. Sie schenkt dir eine neue Sicht des Lebens, eine neue Einstellung zu dir selbst. Aus dieser deiner Wüste heraus gelingt dir eine neue Hinwendung zur Welt. Das Kleine wird groß und das Große wird klein. Das Wichtige erscheint unwichtig und das Unwichtige wichtig. Weil letztlich nur eines zählt: Das Unvergängliche, das Bleibende.

Dieses Wagnis in die innere Wüste ist wie bei der geologischen Wildnis mit Mühen und Strapazen verbunden. Gott tritt nicht selbstverständlich mit seinem Kommen in die Bereitschaft deines Wartens. Der Allmächtige erfüllt nicht ohne Weiteres dein Schweigen mit seinem tröstenden Wort, dein Unvermögen mit seiner göttlichen Kraft. Gott ist kein Götze, den du so ohne Weiteres zu deiner geistlichen Selbstbefriedigung herbeizitieren kannst. Er ist der ganz andere, der Verborgene. Das Gebet, das Bemühen um Zwiesprache mit ihm, stillt nicht automatisch deinen Durst nach Erfüllung des Lebens. Es vergrößert ihn nur. Erst in der ungeteilten Vereinigung mit ihm am anderen Ufer, am Ende dieses irdischen Wüstenaufenthalts, wird dieses geradezu süchtige Verlangen – wenn du es einmal geschmeckt hast – seine volle Erfüllung finden. Bis dahin musst du die Spannung zwischen Glauben und Erkennen, zwischen Alleinsein und Gemeinsamkeit, zwischen Schweigen und Antworten aushalten. Darin liegt auch die schmerzliche Versuchung der Wüste: dass deine eigenen Gedanken, Wünsche und Vorstellungen viel angenehmer erscheinen als das Warten vor dem schweigenden Gott. Und doch ist es gerade dieses Schweigen, das jenseits aller klugen Reden liegt. Nur im Lauschen hörst du seine innere Stimme, die sonst im Lärm total untergeht. Aus diesem stillen Hinhören bekommt deine eigene Stimme Gewicht. Weil deine Worte abgewogen sind, abgedeckt durch die Erfahrung und eine tiefe Erkenntnis.

VERSCHÜTTETE QUELLEN BRECHEN AUF

Die Wüste steht auch als Symbol für Hoffnung. Du machst dich auf die Suche nach einer Oase. Du findest sie vielleicht in der Nähe eines liebenden Menschen. In seinem verstehenden Wort, seinem stillen Zuhören-Können. Der Todesraum der Wüste in deinem grauen Alltag wird zum Raum des Lebens. Du verstehst mit einem Mal ganz neu das Dasein als Gabe und Geschenk. Du

Die Nähe eines Menschen, sein Sich-Mitteilen und Zuhören können wie eine Oase sein.

stellst dich der bedrängenden Frage: Worin besteht der Sinn meines Handelns, meines Lebens? Verschüttete Quellen brechen auf. Neue Sinnantworten werden dir gegeben. Als Anstoß der Veränderung und zur Einladung einer neuen Hoffnung. Die Einsamkeit und Sinnlosigkeit beginnen sich in einen blühenden Garten offener Begegnungen zu verwandeln. Antoine de Saint-Exupéry hat diese neue Realität in ein großes Warum gekleidet: „Warum zwingst du mich, Herr, diese Wüste zu durchqueren? Ich quäle mich inmitten der Dornen. Nur eines Zeichens aber bedarf ich von dir: Dass die Wüste sich wandelt, dass der blonde Sand und

Gestärkt und mit persönlichem Tiefgang kommst du aus deiner Wüste zurück.

der Horizont und der große, stille Wind nichts Fremdes mehr sind und nichts Zufälliges, sondern ein weites Reich, durch das hindurch ich dich erkenne."

Im Grunde brauchst du wie alle anderen Menschen diese Erfahrung der Wüste. Obwohl sie das genaue Gegenteil von Geborgenheit und Zuhause ist, nach denen du dich sehnst. Aber viel zu oft hast du dich in einer falschen Geborgenheit verloren, weil du sesshaft und damit selbstzufrieden geworden bist. Auf dem Weg durch die Wüste widerstehst du dieser Gefahr. Du setzt alles aufs Spiel, was dich festlegen will. In der Herausforderung deiner inneren Wüste weißt du: Wenn ich sitzen bleibe, erstarre ich und komme darin um. Die Wüstenstunden zwingen dich, dass du alles loslässt, woran du hängst. Doch das Aufgegebene findest du neu: Geheilt und gestärkt, mit einem persönlichen Tiefgang kommst du aus der Wüste zurück. Zurück lässt du die abgestreifte Haut des alten Menschen.

LITERATURVERZEICHNIS

Antonios der Große: *Stern der Wüste*. Hg. von Hans Hanakam, Freiburg i. B. 1989.

Athanasius: *Vita Antonii*. Hg. von Adolf Gottfried, Graz 1987.

Brief des hl. Hieronymus an Heliodor, Auszüge entnommen aus der Bibliothek der Kirchenväter unter www.unifr.ch/bkv/

Carlo Carretto: *Gib mir deinen Glauben*. Gespräche mit Maria von Nazareth, Freiburg i. Br. 1992.

Johannes Cassian: *Unterredungen mit den Vätern – Collationes Patrum*. Teil 1: Collationes I–X. Übersetzt und erläutert von Gabriele Ziegler, Münsterschwarzach 2011.

Derwas J. Chitty: *The desert a city*. An Introduction to the Study of Egyptian and Palestinian Monasticism under the Christian Empire, London/Oxford 1966/³1995.

Pia Compagnoni: *Il Deserto di Giuda*, Jerusalem 1999.

Michael Cornelius: *Die Weisheit der Wüstenmönche*. Von der Kunst, das Leben zu meistern, München 2005.

Franz Dodel: *Weisung aus der Stille*. Sitzen und Schweigen mit den Wüstenvätern, Zürich/Düsseldorf 1999.

Peter H. Görg: *Die Wüstenväter – Antonius und die Anfänge des Mönchtums*, Augsburg 2008.

Anselm Grün: *Der Weg durch die Wüste*, München/Zürich 2005.

Anselm Grün: *Die Weisheit der Wüstenmönche*, Münsterschwarzach ⁷2002.

William Harmless: *Desert Christians. An Introduction to the Literature of Early Monasticism*, Oxford 2004.

Karl Heussi: *Der Ursprung des Mönchtums*, Tübingen 1936 [Nachdruck 1981].

Yizhar Hirschfeld: *The Judean Desert Monasteries in the Byzantine Period*, New Haven/London 1992.

Elsa Sophia von Kamphoevener: *Islamische Christuslegenden*, Zürich 1963.

Fairy von Lilienfeld: *Spiritualität des frühen Mönchtums*, Erlangen 1988 (= Oikonomia 18).

Thomas Merton: *Die Weisheit der Wüste*, Frankfurt a. M. 1999.

Bonifaz Miller: *Weisung der Väter. Apophthegmata Patrum*, auch *Gerontikon* oder *Alphabeticum* genannt, Trier 1986.

Palladius: *Historia Lausiaca. Die frühen Heiligen in der Wüste.* Herausgegeben und übersetzt von Jacques Laager, Zürich 1987.

Evagrios Pontikos: *Briefe aus der Wüste.* Hg. von Gabriel Bunge, Trier 1986 (= Sophia 24).

Uta Ranke-Heinemann: *Das frühe Mönchtum*, Essen 1964.

Antoine de Saint-Exupéry: *Gebete der Einsamkeit*, Düsseldorf.

Antoine de Saint-Exupéry: *Wind, Sand und Sterne* (Originaltitel *Terre des Hommes*). Die Erstausgabe des Werkes erschien 1939.

Günther Schulz, Jürgen Ziemer: *Mit Wüstenvätern und Wüstenmüttern im Gespräch.* Zugänge zur Welt des frühen Mönchtums in Ägypten, Göttingen 2010.

Hans Conrad Zander: *Als die Religion noch nicht langweilig war.* Die Geschichte der Wüstenväter, Köln 2001.

Die Bibelzitate stammen aus der Einheitsübersetzung der Heiligen Schrift © 1980 Katholische Bibelanstalt, Stuttgart.
Einige Bibelstellen werden jedoch vom Autor aus der hebräischen bzw. altgriechischen Sprache mit eigenen Worten übersetzt.

Die Geschichten über die Wüstenväter im zweiten Teil dieses Buches basieren auf mündlicher Überlieferung, ausgenommen über den Wüstenvater Moses, den Äthiopier: https://de.wikipedia.org/wiki/Moses_der_Äthiopier

Das Zitat auf dem Umschlag „Alles Große kommt aus der Stille" ist dem Gedicht „Die Stille" von Martin Gutl entnommen.

FOTONACHWEIS

I. GOTT BAUT EINE STRASSE IN DER WÜSTE

- S. 15: T. Sontheim/Zwei Beduinen im Sinai auf dem Weg zum Wasserholen und Kamele tränken
- S. 16: T. Sontheim/Das Reitkamel „Reisalan"
- S. 17: T. Sontheim/Kameltränke im Westen des Sinai
- S. 18: T. Sontheim/Spätnachmittagsstimmung im Sinai
- S. 19: T. Sontheim/Ein Beduine, der die Kamele führte und Tee kochte
- S. 20: T. Sontheim/Ein Beduine namens Ramadan; er war Führer und Koch.
- S. 21: Archiv Fleckenstein/Schafe in der Wüste Juda
- S. 23: T. Sontheim/Wadi Zaramik
- S. 24: T. Sontheim/Beduine Ramadan
- S. 27: Archiv Fleckenstein
- S. 28: T. Sontheim/Suppentopf für die Mittagspause
- S. 29: T. Sontheim/Wasseransammlung
- S. 30: T. Sontheim
- S. 32: L. Fleckenstein/Der Regengott Baal galt bei den Kanaanäern als der Bräutigam der Erde.
- S. 33: L. Fleckenstein/Mosesdarstellung im Katharinenkloster im Sinai
- S. 34: T. Sontheim/Ein Beduine, der für Kamele und Feuer zuständig war
- S. 37: T. Sontheim/Morgenstimmung im Sinai

S. 38: L. Fleckenstein/Elija-Darstellung auf einer Ikone im St. Georgskloster
S. 40: T. Sontheim/Brotbacken – dreimal am Tag
S. 42: T. Sontheim/Mitten im Sinai
S. 44: L. Fleckenstein/Johannes der Täufer auf einem Seitenaltar in der Dormitio-Abtei in Jerusalem
S. 45: T. Sontheim/Abendstimmung im Sinai
S. 46: T. Sontheim/Im Sinai
S. 47: T. Sontheim/Im Sinai
S. 51: L. Fleckenstein/An der historischen Taufstelle Jesu am Jordan auf israelischer Seite
S. 53: L. Fleckenstein/Tempelmauer in Jerusalem
S. 54: H. Preiser/Nachtaufnahme vor einem Reklameschild in einer deutschen Großstadt
S. 56: L. Fleckenstein/Buchrolle in der Synagoge des „Nazareth Village" (www.nazarethvillage.com)

II. DIE SPIRITUALITÄT DER WÜSTE

S. 59: L. Fleckenstein/Der Mönch Germanos vom St. Georgskloster im Wadi Qelt in der Wüste Juda
S. 60: Archiv Fleckenstein/Russische Ikone
S. 61: H. Preiser/Das Kloster der Versuchung Quarantal oberhalb von Jericho
S. 63: L. Fleckenstein/Blühende „Lilien des Feldes" in der Nähe des Herodianischen Winterpalastes bei Jericho
S. 65: H. Preiser/Eucharistiefeier in der Wüste Juda
S. 66: L. Fleckenstein/Laura beim St. Georgskloster

S. 67: L. Fleckenstein/Höhle, die an den Propheten Elija im St. Georgskloster erinnert
S. 68: T. Sontheim/Katharinenkloster im Sinai
S. 69: L. Fleckenstein/St. Georgskloster
S. 72: L. Fleckenstein/St. Gerasimoskloster im Jordantal
S. 73: H. Preiser/Ikone des hl. Gerasimos mit Löwe
S. 77: Archiv Fleckenstein/Thorarolle in einer Synagoge in Israel
S. 79: L. Fleckenstein/Koptischer Mönch auf dem Basar in Jerusalem
S. 83: T. Sontheim/Mitten im Sinai

III. DIE HERAUSFORDERUNG DER GEOLOGISCHEN WÜSTE

S. 86: T. Sontheim/Im Sinai
S. 87: T. Sontheim/Im Sinai
S. 88: T. Sontheim/Fußspuren am Strand des Roten Meeres bei Nuwaiba/Sinai
S. 89: L. Fleckenstein/Pharaodarstellung in einer Felswand im Nationalpark Timna
S. 90: T. Sontheim/Mitten im Sinai
S. 91: T. Sontheim/Mitten im Sinai
S. 92: L. Fleckenstein/Wasserkanal im Wadi Qelt beim St. Georgskloster
S. 93: T. Sontheim/Der Führer und Beduine Tolbe mit seiner Mutter
S. 95: L. Fleckenstein/Kleine Oase in der Wüste Juda
S. 97: T. Sontheim/Mitten im Sinai

S. 99: H. Preiser/Pforte zur Kapelle im St. Georgskloster
S. 100: H. Preiser/„Versuchungskapelle" im Kloster Quarantal
S. 103: L. Fleckenstein/Glocke des Wüstenklosters Mar Saba im Kidrontal
S. 104: T. Sontheim/Im Red Canyon
S. 105: T. Sontheim

IV. DIE WÜSTE LIEGT IN DIR

S. 110: H. Preiser/Abflughalle im Flughafen Tel Aviv
S. 111: H. Preiser/Heilig-Land-Pilger bei der Rast unter einem Ölbaum in Emmaus
S. 112: H. Preiser/In der Geburtsgrotte in Betlehem
S. 113: L. Fleckenstein/Alpenveilchen im Park von Cremisan bei Betlehem
S. 114: L. Fleckenstein/Glasfenster in der Kapelle der Kontemplativen Schwestern bei der Milchgrotte in Betlehem
S. 115: L. Fleckenstein/Pilger in der Kapelle der dritten Kreuzwegstation in Jerusalem
S. 117: L. Fleckenstein/Familienbegegnung in Santiago di Chile
S. 118: L. Fleckenstein/Sonnenuntergang am Lago Villarrica in Pucon (Chile)

Ein spirituelles Tagebuch

Gisbert Greshake
Die Wüste bestehen
Erlebnis und geistliche Erfahrung
Topos plus Band 528, Broschur
ISBN 978-3-7867-8528-6
112 Seiten

Auf vielen Reisen hat Gisbert Greshake die großen Wüsten der Erde durchquert, sich ihren Schönheiten und Schrecken ausgesetzt und ihre Zweideutigkeit erlebt. In diesem spirituellen Tagebuch erzählt er von seinen Erfahrungen und Einsichten. In der Wüste als lebensfeindliche Stätte offenbart sich die Ahnung einer tieferen und echteren Existenz.

Topos Taschenbücher
www.toposplus.de

Eine spannende Friedenstour

Christoph Klein
Mit einem Rucksack voll Hoffnung
Mein Pilgerweg
durch Israel und Palästina
46 farb. Abb.
2 Übersichtskarten, Broschur
ISBN 978-3-7022-3143-9
160 Seiten

Vier Wochen meist zu Fuß von Eilat im Süden bis zu den Golanhöhen im Norden von Israel, quer durch palästinensische Dörfer in der Westbank und zu den biblischen Stätten beider Regionen: Was als journalistische Tour geplant war, wird immer mehr zur Pilgerreise, die zur Begegnung mit den unterschiedlichsten Menschen führt, die sich für Gewaltlosigkeit und Versöhnung einsetzen.

 **TYROLIA**   Alles **Buch**bar auf **www.tyrolia-verlag.at**